Wenns weihnachtet...

12 Alltagsgeschichten im Advent

Gunhild Thalheim, geb. Jahn, ist 1944 in Jena geboren und verbrachte ihre Kindheit und Jugend in Hamburg. Nach dem Abitur im Jahre 1964 studierte sie Pädagogik und arbeitet seitdem als Grundschullehrerin. Seit Anfang der `90er Jahre lebt sie im Edertal. Seit Jahren schreibt sie Geschichten für Kinder und junggebliebene Erwachsene.
In ihrem fünften publizierten Buch erzählt sie alltägliche Adventsgeschichten.

Britt Jatho, geb. Hugo, ist 1966 in Hanau geboren und im Werra-Meißner Kreis aufgewachsen. Sie absolvierte ihr Studium zur Diplom-Designerin 1990 an der FH Wiesbaden. Seitdem ist sie freiberuflich als Graphikerin und Illustratorin tätig. 1993 gründete sie die Werbeagentur Jatho Design in Meinhard / Schwebda. Sie ist verheiratet und hat drei Kinder.

Wenns weihnachtet ...

12 Alltagsgeschichten im Advent

von

Gunhild Thalheim

mit Bildern von
Britt Jatho

Die Deutsche Bibliothek –CIP-Einheitsaufnahme

Thalheim, Gunhild: Wenns weihnachtet...:
12 Alltagsgeschichten im Advent /
von Gunhild Thaheim.- Edertal: Thalheim;
[Norderstedt]: Libri Books on Demand, 2000
ISBN 3-9807254-1-3

ISBN 3-9807254-1-3

Titelbild und Illustrationen: Britt Jatho
Umschlaggestaltung: Jatho Design, Meinhard
Digitale Druckvorlage: Tom O. Allendörfer
Druck und Vertrieb: LIBRI BoD
Printed in Germany

Für meine
pfiffigen Schulkinder
in Datterode, Reichensachsen,
Eschwege, Abterode
und im Edertal,
die mir in vielen Jahren Pate gestanden haben
und
wertvolle kritische Zuhörer waren.

Was erwartet uns ... ?

In der 1. Geschichte kann der kleine Olle es in den vier Adventswochen vor lauter Freude kaum aushalten.

Am 1. Advent geht Olle mit in die Kirche. Er muss doch sehen, wie seine Schwester oben neben der Orgel steht und Weihnachtslieder singt. Ihm wird dann so richtig feierlich, und er wünscht sich, dass die vier Wochen bis Weihnachten ganz, ganz schnell herumgehen. Während der Pfarrer predigt, wandern Olles Augen in der Kirche umher. Meine Güte! Haben die einen riesigen Adventskranz. Der ist ja noch größer als der in Olles Schule.
Olle überlegt, was er noch auf seinen Wunschzettel schreiben soll. In diesem Jahr kann er wenigstens schon richtig schreiben. Mit einem Ohr hört Olle aber auch auf die Worte des Pfarrers. Ein Wort fällt ihm besonders auf: „Weihnachtsfreude“ oder „Vorfreude auf das schönste Fest des Jahres“.
Ja, das versteht Olle zwischen den vielen Sätzen. Sein Herz klopft schneller. Freuen tut er sich. Und wie er sich freut! Wenn er an den Heiligabend denkt, kitzelt es in Olles Magen. Dabei kann er gar nicht sagen, auf was er sich am meisten freut. Er versucht, es sich vorzustellen, aber da ist die Predigt zu Ende, und die Orgel fängt an zu spielen. Ol-

le beschließt, sich überraschen zu lassen von der vielen Freude, die vor ihm liegt.
Es geht schon am Nachmittag los, als Mama die erste Kerze am Adventskranz anzündet. Olle darf das Licht ausknipsen, und sie finden im Schein der Kerze kaum ihren Mund für das erste Stück Christstollen. Olle lässt es langsam im Mund zergehen. Er will schmecken, ob der Stollen genauso schmeckt, wie er jedes Jahr zu Weihnachten geschmeckt hat. Ihm ist so feierlich wie vorher in der Kirche – bloß ein bisschen anders.
Als er am Montag seinen Ranzen aufsetzt, drückt Mama ihm einen Kerzenhalter mit einer dicken roten Kerze und einen Tannenzweig in die Hand.
„Hier, Olle“, sagt sie. „Heute dürft ihr doch in der Schule Kerzen anzünden.“ – „Klasse!“, jubelt Olle. Dann gibt´s auch eine Weihnachtsgeschichte vorgelesen. Die meisten Kinder haben eine Kerze, und Stefan durfte sogar einen Adventskranz mitbringen. Draußen ist es noch dunkel, aber in der Klasse schimmern auf allen Tischen die Flämmchen. Die Lehrerin liest vor, und Olle sitzt mucksmäuschenstill – wie verzaubert -, nur sein Herz klopft schneller als sonst. Die Kinder haben leuchtende Flämmchen in den Augen. Wenn doch den ganzen Montag erste Stunde wäre!
Olle knipst eine Nadel von seinem Tannenzweig ab und lässt sie in der Flamme verglühen. Das riecht! Er würde ja den ganzen Zweig hineinhalten, aber

Die Lehrerin liest vor, und Olle sitzt mucksmäuschenstill - wie verzaubert - nur sein Herz klopft schneller als sonst... .

das gäbe garantiert Ärger. Olle wäre womöglich schuld, wenn die Lehrerin ihr Buch mitten in der Geschichte zuklappte. Hinterher singen sie das Nikolauslied. Olle überlegt, ob seine Stiefel nicht zu klein zum Vor-die-Tür-stellen sind und ob er nicht lieber die Gummistiefel nehmen soll. „Bald ist Niko-

lausabend da“, singt er und klatscht dazu den Takt. Nur noch drei Tage! Dann wird er wie ein Wilder seine Stiefel schrubben, bis sie nur so glänzen.
Am Nikolausabend kann Olle nicht einschlafen, wie sehr er sich auch Mühe gibt. Ob er mal nach seinen Stiefeln gucken soll? Vielleicht hat Mama sie an die Seite geschoben, weil sie im Wege standen. Wenn der Nikolaus sie nicht finden kann... .Olle schluckt. Au, wie blöd er doch ist. Den Nikolaus gibt´s ja gar nicht! Aber seltsam ist ihm doch zumute. Er wird am besten wach bleiben und lauschen, da kann er gleich nachsehen, falls er was hört. Er hat sowieso großen Schokoladenappetit.
Als Mama ihn um halb sieben weckt, hopst er sofort aus dem Bett und ist mit drei Sprüngen bei seinen Stiefeln. „Wow! Super!“, staunt er. Wie voll der Nikolaus sie gemacht hat! Er saust zu Papa, gibt ihm einen dicken Kuss, saust zu Mama, gibt ihr auf jede Backe einen dicken Kuss. Dann schleppt er die Stiefel in sein Bett und schüttet sie aus. Sein Kopfkissen ist vor lauter Sachen kaum zu sehen. Olles Schokoladenappetit ist größer als je zuvor. Er kaut und sortiert gleichzeitig. Das kleinere Häufchen wird er mit zur Schule nehmen, das größere schiebt er unters Kissen. Seine Schwester hat womöglich vergessen, ihre Schuhe vor die Tür zu stellen. Den kleinen Schokoweihnachtsmann steckt er vorsichtig in seine Anoraktasche.

Olle flitzt heute als Erster in die Klasse. Rasch schiebt er den Weihnachtsmann unter das Klassenbuch und schlendert auf seinen Platz. Die Lehrerin entdeckt die Überraschung erst am Ende der Stunde. Sie fragt: „Wer war denn so ein lieber Nikolaus?" Alle schauen sich um, keiner meldet sich. Nur Olles Augen strahlen so verdächtig, dass sie ihm zulächelt: „Na, dann danke ich dem Nikolaus schön!" Sie schnuppert an dem bunten Papier und sagt: „Den hebe ich mir aber ein bisschen auf." Olles Herz klopft bis in die Ohren.

Am nächsten Nachmittag backt Olle Plätzchen. Mama und Olles Schwester dürfen natürlich helfen, aber Olle ist der wichtigste Mann in der Küche. Mama hat ihm extra ein wenig mehr von allem gegeben, damit zum Schluss auch Plätzchen übrig bleiben. Sie wundert sich, wieviel Teig in Olles Magen Platz hat. „Hauptsache, du kriegst kein Bauchweh, du Oberbäcker!", lacht sie. Olle ist schrecklich heiß vor Aufregung und Backofenhitze. Wenn er die Plätzchen bloß alle heil auf das Backblech balancieren kann! Und wenn sie bloß in dem heißen Ofen nicht verbrennen! Endlich ist kein Teig mehr übrig. Olle ist ganz kaputt von der vielen Arbeit, und sein Bauch drückt. Aber er ist wahnsinnig stolz. Eine große Schüssel voller Plätzchen! Und er hat sie gebacken! „Oh, Mami, ich freu mich!", strahlt er und hat nichts dagegen, dass seine Schwester ihn einmal kräftig drückt. „Bist ein prima

Plätzchenbäcker!", lobt sie ihn. Da erlaubt Olle ihr großzügig, alle Tüten, Backförmchen und Schüsseln wegzuräumen und der Mama abzutrocknen. Er braucht jetzt frische Luft und ein großes Glas Sprudel.

Weihnachtsfreude gibt´s nicht umsonst. Das merkt Olle auch, als er mit Basteln anfängt. „Wer hat bloß so viel Schenken erfunden?", stöhnt er. Seine Finger wollen nicht so wie sein Kopf. „Ich tauge nicht als Weihnachtsbastler!", stöhnt Olle. „Nicht aufgeben, Olle!", tröstet Mama.„Was meinst du, wie Oma sich über dein Geschenk freut!" Das hat Olle ganz vergessen. Er will ja Weihnachtsfreude machen. Aber anstrengend ist es trotzdem. Wenn Mama es nicht hört, schimpft Olle oft fürchterlich. Mit Papas Hilfe schafft er es dann doch. Erleichtert schiebt er das fertige Päckchen in sein Versteck unterm Bett. Für Mama und Papa hat er in der Schule ein Bild gemalt, darüber braucht er sich den Kopf nicht mehr zu zerbrechen. Seine Schwester bekommt den dicken weißen Kieselstein, den er am Bach gefunden hat. Sie wünscht sich schon lange einen Briefbeschwerer.

Olle atmet auf. Jetzt kann er sich ungestört auf Weihnachten freuen. Er hat sich in der letzten Zeit so viel gefreut, da ist womöglich in seinem Herzen gar kein Platz mehr für noch mehr Freude. Aber wenn er an Heiligabend denkt, kribbelt es ihm durch Arme und Beine. Er meint, er müsste platzen

vor Aufregung. Die Nacht vor dem 24. Dezember wälzt er sich im Bett. Um halb sechs schleicht er ins Wohnzimmer und sieht nach der kleinen Tanne, die Papa abends vom Balkon geholt hat. Wie das Zimmer duftet! – Olle schnuppert. – So richtig nach Wald. Sein Herz wird weit, wenn er sich das Bäumchen mit den Kerzen und den bunten Kugeln vorstellt. Ist denn noch nicht bald Abend? Er freut sich ja so darauf, das kann er gar keinem sagen! Wenn nur der Tag nicht so grässlich lang wäre!
Mittags glaubt Olle, er könne keine Sekunde mehr warten. Als sie die Oma vom Bahnhof abholen, sitzen in seinem Kopf lauter Ameisen. „Na, mein kleiner Olle!“, freut sich Oma und drückt ihn fest. „Freust du dich denn schon ein bisschen?“ – „Ach, Omalein“, seufzt Olle, „mir ist ja schon schlecht vor lauter Freuen.“ Als sie wieder zu Hause sind, muss Olle erst mal übers Waschbecken und ein bisschen spucken, damit er das Kribbeln und die vielen Ameisen los wird. Ihm zittern so die Knie, dass Mama ihn auf die Couch trägt.
„Schlaf, Olle!“, sagt sie und deckt ihn zu. „Wir wecken dich, wenn es so weit ist.“ Olle schläft so fest, dass Papa ihm das Weihnachtsglöckchen ans Ohr halten muss. „O du fröhliche“ spielt Mama auf dem Klavier, und Olle hört die helle Stimme seiner Schwester wie im Traum. Als er sich aufsetzt, ist ihm schwindelig. Er kann vor lauter Kerzen gar nichts erkennen.

„Komm, Olle, der Weihnachtsmann war da!“, hört er Oma sagen, aber seine Augen wollen nicht offen bleiben. Papa nimmt ihn auf den Arm und trägt ihn zum Tisch. „Augen auf!“, sagt er. Und dann sieht Olle das Tollste, was er je auf dem Weihnachtstisch gesehen hat: Mitten zwischen bunten Päckchen steht ein Käfig. „Ein Vogel!“, seufzt Olle. „Oh! – Papa – ein richtiger Vogel!“ Papa muss ihn mitsamt dem Käfig auf die Couch zurücktragen. Dort fallen ihm wieder die Augen zu. Den Arm um seinen Käfig gelegt, schläft er tief und fest.
„Schade“, meint Oma, „nun weiß ich gar nicht, ob er sich über mein Geschenk freut.“ – „Morgen“, sagt Mama, „morgen ist auch noch Weihnachtsfreude!“

In der 2. Geschichte machen sich Alexander und Alexandra recht unterschiedliche Gedanken über ihre Weihnachtsvorbereitungen.

„Bald nun ist Weihnachtszeit“, singen die Kinder, und die erste Kerze am Adventskranz sieht recht klein und verloren aus in dem halbdunklen Klassenraum. Alexander schluckt. Er mag diesmal gar nicht an Weihnachten denken. Sie werden die ganzen Ferien zu Hause hocken und Mama wird sagen: „Wisst ihr noch, wie wir letztes Jahr in den Dolomiten fast im Schnee erstickt sind?“

Alexanders tolle Schier werden wohl in diesem Winter nur das bisschen Hügel am Hohen Meißner herunterfahren. Und von dem Computer, den er sich so gewünscht hat, wird er vorläufig sicher nur träumen.

„Wir wollen alle vernünftig sein“, hat Mama gesagt, „und Papa das Leben nicht unnötig schwer machen. Ihr seid ja zum Glück schon groß genug, um das einzusehen, nicht wahr?“

Seit Alexanders Vater nicht mehr in der großen Firma arbeitet, hören sie diesen Satz häufig.

„Wenn wir vielleicht in Frühjahr nach Frankfurt ziehen müssen“, meint Papa, „dann sollten wir unser

Geld jetzt lieber zusammenhalten. Das leuchtet euch doch ein, oder?"

Aber Alex will erstens nicht nach Frankfurt ziehen, nur weil Papa dort eine neue Arbeit findet, und zweitens will er nicht dauernd diese Sprüche hören. Das wird diesmal ein „Superweihnachten!" – Wo soll er zum Beispiel das Geld hernehmen, um für seine Eltern und die große Schwester was Gescheites zu kaufen? Am besten malt er wieder für alle zusammen ein kindisches Bild, so wie er das im zweiten Schuljahr gebracht hat.

Er kann gar nicht verstehen, dass sie sich schrecklich über sein „Kunstwerk" gefreut haben und es immer noch an Mamas Pinnwand hängen lassen. Alex seufzt. Allein die Ohrringe, die er für Susi kaufen wollte, kosten über zwanzig Mark. Da möchte er seiner Schwester mal was richtig Cooles für die Disco schenken und jetzt sitzt er hier mit lächerlichen fünfzehn Mark im Portemonnaie – die sollen für sämtliche Geschenke reichen!

Und was wird er Heiligabend sagen, wenn er womöglich nur ein paar blöde Bücher und vielleicht noch einen Videofilm auspacken darf? Soll er etwa „Hurra!" schreien und in den „Wir–wollen–alle – vernünftig-sein-Spruch" mit einstimmen? Warum kann er sich nicht wie der Igel draußen unterm Laubhaufen in einen tiefen Winterschlaf verkriechen und erst wecken lassen, wenn alles wieder ist

Es ist für uns eine Zeit angekommen...

wie sonst mit Papas Arbeit und dem Geld und so...?

„Es ist für uns eine Zeit angekommen" singen die Kinder, und der Duft der frischen Tannenzweige macht das Klassenzimmer richtig gemütlich. Alexandras Augen leuchten. Noch drei Wochen bis Weihnachten! Heute nach der Schule wird sie sich wieder mit ihren Freundinnen treffen.
Sie basteln mit Feuereifer. Auch in diesem Jahr haben sie wieder tolle Ideen, wie man mit ein paar Mark Taschengeld Weihnachtsgeschenke aus lau-

ter Resten zaubern kann. Dabei geht die aufregende Adventszeit viel zu schnell vorüber.
Wenn sie ab und zu in die Stadt zum Einkaufen fahren und die vielen herrlichen Sachen in den Schaufenstern sehen, möchte Alex am liebsten einen Tausendmarkschein haben.
Dann brauchte sie nur hineinzugehen in die schönen Läden und könnte nach Herzenslust für Mama und Papa, Oma, Opa und die Geschwister Sergej, Victor und Lilia den Weihnachtsmann spielen. Das müsste unheimlich Spaß machen! Denn viele Wünsche haben sie natürlich - jetzt, wo sie in einem Land leben, in dem es alles zu kaufen gibt.

In der 3. Geschichte denkt sich eine Schulklasse etwas „Einmaliges“ für die Nikolausfeier aus.

In diesem Jahr hatte sich die Klasse 4 c etwas Besonderes ausgedacht. Als die Kinder bei der Planung ihrer Adventsfeier über die Nikolauspäckchen sprachen, schlug Christian vor:
„Wir können es doch mal genau umgekehrt machen. Also: ich meine, wir packen die Päckchen für unsere Eltern.“
Ein paar Kinder protestierten laut. Selber-packen-müssen statt Selber-auspacken-dürfen? – Nein danke!
Frau Siegel, die Lehrerin, lachte:
„Schimpft ihr nur! Ich finde deine Idee jedenfalls toll, Christian! – Was glaubt ihr, was eure Eltern für Augen machen! Damit rechnen sie doch bestimmt nicht, dass sie von euch ein Päckchen bekommen.“
„Ja, aber...“, meldete sich Steffi, „wir können die Päckchen wohl nicht unseren Eltern einfach so auf den Tisch legen. Das ist irgendwie langweilig.“
Da hatte Ulrike die zweite tolle Idee:
„Einer von uns müsste sich als Nikolaus verkleiden und die Päckchen aus einem großen Sack verteilen.“ Die Kinder kicherten. Dirk schrie: „Ey, super – ein Kindernikolaus!“

„Ja, Ulrike“, lobte Frau Siegel, „genau das ist es! – Natürlich darf keiner was verraten.“
„Es muss ein richtiges Nikolausgeheimnis sein!“, rief Michael.
„Und wer soll der Nikolaus sein?“, wollte Alexander wissen.
„Na, du vielleicht“, meinte Ulrike, „du hast doch so ziemlich die größte Klappe!“
„Nee, nee“, wehrte Alexander ab, „so was ist nicht meine Masche. Ich bin höchstens als Knecht Ruprecht gut. Ich kann die Päckchen aus dem Sack holen.“
„Seid ihr mit Alexander als Knecht Ruprecht einverstanden?“, fragte Frau Siegel. Keiner hatte was dagegen. „Gut, und wer ist der Nikolaus?“ Suchend sah sich Frau Siegel um. Keiner meldete sich. Björn rief von hinten: „Das muss einer machen, der auch ein bisschen witzig sein kann, sonst wirkts ja öde.“
„Ich bin für Ulrike. Die schafft das!“, schlug Melanie vor. Die Jungen grinsten. Der Nikolaus – ein Mädchen! Ulrike tippte sich an die Stirn:
„Quatsch, so was ist Männersache!“
Aber mit den „Männern“ war das so eine Sache! Keiner wollte der Nikolaus sein. Ratlos sah Frau Siegel sich um.
„Schade!“, meinte sie. „Ich hätte es mir sehr lustig vorgestellt. Wir können aber niemanden zwingen. Vielleicht überlegt ihr es euch noch einmal!“

„Naja, ich machs am besten doch!“, sagte Ulrike plötzlich. – „Prima“, freute sich die Lehrerin. „Es wird schon schief gehen.“
Aber was sollte Nikolaus Ulrike den Eltern sagen?
„Meiner Mutter kannst du ruhig ein bisschen Dampf machen“, rief Jörg. „Jeden Abend muss ich wie ein Baby um acht ins Bett.“
Alle lachten.
„Bist ja auch noch eins“, grinste Bastian.
„Und mein Vater meckert gleich, wenn ich mal ‘ne Vier schreibe“, beschwerte sich Ute. Jetzt kam Leben in die Klasse. Fast jedem fiel etwas „Nettes“ für seine Eltern ein.
„Wie soll ich das denn alles behalten?“, schimpfte Ulrike.
„Kannst dirs ja aufschreiben“, schlug Michael vor.
„Das könnte dir so passen!“, knurrte Ulrike. „Da krieg‘ ich ‘nen Schreibkrampf.“
Wieder ergriff Frau Siegel das Wort:
„Gebt mal Ruhe! – Wie wäre es, wenn ihr eure Beschwerden auf einen Zettel schreibt? Daraus kann sich unser Nikolaus in Ruhe sein dickes Buch zurechtdichten.“
„Dürfen wir auch schreiben, was wir an unseren Eltern gut finden?“, erkundigte sich Kirsten.
„Gibt’s das denn überhaupt?“
Frau Siegel tat ganz erstaunt. „Ich denke, Eltern machen alles falsch?“
Doch Kirsten nickte so ernsthaft, dass Ulrike bat:

„Schreibt ruhig auch was Nettes auf. Der Nikolaus soll ja nicht immer nur meckern.“

„Also, denkt ein bisschen nach“, beendete Frau Siegel die Diskussion, „und lasst euch was Hübsches für die Päckchen einfallen.“ Da ertönte der Pausengong. Wie ein Bienenschwarm summte die 4c auf den Schulhof.

Bereits am nächsten Tag wanderten die ersten bunten Päckchen in den Klassenschrank. Bald ging die Schranktür kaum noch zu. Am Tag vor dem großen Ereignis brachte Frau Siegel die Kinder nur schwer zur Ruhe.

„Hab ich einen Bammel vor morgen!“, beichtete Ulrike ihrer Freundin Melanie. Und Alexander seufzte: „Wenn bloß erst übermorgen wäre!“

„He, Knecht Ruprecht, hast du etwa Lampenfieber?“, erkundigte sich Christian. – „Nicht die Spur!“ Alex warf sich in die Brust. „Als Knecht hat man so was nicht.“ Endlich war es so weit. Im Musikraum roch es nach Tannen und frischgebackenen Plätzchen. Die Kinderaugen strahlten mit den Kerzen um die Wette. Das Programm klappte zu Frau Siegels Erleichterung bis auf ein paar kleine Pannen großartig. Alle Zuschauer sahen sehr zufrieden aus. Das letzte Gedicht kam: „Von drauß‘ vom Walde komm ich her...“. Eben hatte Karsten den letzten Satz gesprochen, als es laut gegen die Tür bummerte.

„Nanu, wer kann denn das so spät noch sein?“, wunderte sich Frau Siegel. Erwartungsvoll sahen alle zum Eingang.
„Herein!“, riefen Christian und Michael. Ein kleiner rundlicher Nikolaus schob sich durch die Tür, gefolgt von einem mageren, braun geschminkten Knecht Ruprecht in einem dicken Schaffell. Mit vereinten Kräften zerrten sie einen prall gefüllten Kartoffelsack hinter sich her. Während sie zur Bühne stampften, brummte der Nikolaus:
„Von drauß‘ vom Walde komm ich her .... Bin ich hier richtig in der Klasse 4 c?“-„Ja, ja!“, schrien alle Kinder im Chor. „Guten Abend, lieber Nikolaus!“
„Was heißt hier: ‚lieber Nikolaus‘? – So lieb bin ich doch gar nicht!“, kam es unter dem Wattebart hervor. „Wart ihr denn auch alle brav?“
„Und wie!“, brüllten die Kinder.
„Na schön, aber stimmt das auch, Frau Lehrerin?“
„Natürlich, lieber Nikolaus, ganz besonders artig!“, sagte Frau Siegel und machte vor dem Nikolaus einen tiefen Knicks.
„Na, das höre ich gerne“, freute sich der Nikolaus. „Ich will mal in meinem großen Buch lesen, was meine Engel aufgeschrieben haben. Gib es mir bitte her , Knecht Ruprecht!“ Er blätterte umständlich, schüttelte bedächtig den Kopf und sagte:
„Das wundert mich aber! Über eine Klasse 4 c kann ich nichts finden. Dann haben Sie wohl Recht,Frau Lehrerin. – Aber was steht denn da? – Hilf mir bitte

mal, Knecht Ruprecht! – Soll das nicht ‚Peters' heißen?" Nun beugte sich auch Knecht Ruprecht über das Buch und brummelte:
„Jaja, lieber Nikolaus, da steht ganz deutlich ‚Peters', und davor steht ‚Frau'." Der Nikolaus drehte sich zu den Eltern um und fragte laut:
„Heißt hier vielleicht jemand ‚Frau Peters'? – Dann soll er sich melden!" In der ersten Reihe hob sich zögernd ein Finger. – „Sososo", sagte der Nikolaus, „komm her zu mir, Frau Peters!" Etwas verwirrt stand Karstens Mutter auf und trat vor die Bühne.
„Warst du auch immer lieb und artig?", forschte der Nikolaus streng. Frau Peters wurde ein bisschen rot und hauchte:
„Natürlich, lieber Nikolaus." – „Sososo, und warum steht in meinem großen Buch: ‚Frau Peters hilft ihrem Sohn zu wenig bei den Matheaufgaben und macht ihm nur einmal in der Woche Pommes zum Mittagessen?' – Stimmt das?"
„Ich glaube, es stimmt, lieber Nikolaus", antwortete Frau Peters zerknirscht. – „Und warum änderst du es dann nicht?", schimpfte der Nikolaus.
„Ich werde es mir überlegen, lieber Nikolaus", versprach Karstens Mutter. Karsten versteckte sich hinter Michael, um nicht loszuprusten.
„Das will ich hoffen!", drohte der Nikolaus. „Kannst du ein Gedicht aufsagen?" Frau Peters nickte und begann: „Lieber guter Weihnachtsmann, schau mich nicht so böse an, stecke deine Rute ein... "Die

„Warst du auch immer lieb und artig?", forschte der Nikolaus streng...

anderen Eltern klatschten. Der Nikolaus klopfte Frau Peters auf den Rücken und lobte:
„Sehr gut! Dafür bekommst du ein Päckchen, Frau Peters.“ Knecht Ruprecht wühlte im Kartoffelsack und zog einen dicken goldenen Karton heraus. „Ist der etwa für mich?“ Karstens Mutter strahlte. „Vielen Dank, lieber Knecht Ruprecht!“ Sie machte einen tiefen Knicks und trug ihr Geschenk auf ihren Platz.
Als Nächstes holte Knecht Ruprecht ein rotes Päckchen mit einem Tannenzweig aus dem Sack.
„Für Herrn Klaus Dörner“, las er mit lauter Stimme vor. Der Nikolaus hob die Hand an die Augen: „Wo ist der Herr Dörner?“ – Mit hängendem Kopf trottete Christians Vater nach vorne.
„Lieber Nikolaus“, begann er ängstlich, „muss ich auch ein Gedicht aufsagen?“ - „Mal sehen!“, sagte der Nikolaus und blätterte in seinem Buch. Dann pflanzte er sich breitbeinig vor Herrn Dörner auf, reckte sich auf die Zehenspitzen und schüttelte seine Rute:
„Du meckerst wohl nicht mit deinem Sohn, wenn er zu spät nach Hause kommt? Bist du nicht früher auch zu spät heimgekommen?“ Christians Vater nickte und machte sich klein.
„Ich werde mich bessern, ganz bestimmt, Nikolaus!“, versprach er.

„Das freut mich, Herr Dörner. Du bekommst auch ein Päckchen.“ Mit der Rute winkte der Nikolaus hinter Christians Vater her:
„Ich hoffe, im nächsten Jahr lese ich nur Gutes über dich.“ Diesmal klatschten Eltern und Kinder. Frau Siegel hatte vor Lachen rote Backen. Schon hielt Knecht Ruprecht wieder ein Päckchen hoch.
„Frau Eisermann“, buchstabierte er. Ulrikes Mutter musste zur Bühne kommen. Es gab Gelächter und Getuschel. Knecht Ruprecht grinste, der Nikolaus räusperte sich:
„Jajaja, die Frau Eisermann! – Na, du bist doch immer brav gewesen, stimmt's?“ Ulrikes Mutter sah treuherzig zu der kleinen vermummten Gestalt hinunter und piepste:
„Naja, lieber Nikolaus, manchmal auch nicht.“
„Hmmm, das ist allerdings ganz schön schlimm!“, war die gebrummte Antwort. „Da muss ich am besten mit der Rute nachhelfen. Dreh dich mal um, Frau Eisermann!“ Gehorsam bückte sich Ulrikes Mutter und ließ sich aufs Hinterteil klopfen. Dabei schlug sie die Hände vors Gesicht und heulte jämmerlich.
„Aber, aber, wer wird denn so ein Geschrei machen wegen so ein bisschen Haue?“, wunderte sich Nikolaus Ulrike. „Komm, pack lieber dein Geschenk aus, und bessere dich gefälligst bis zum nächsten Jahr.“

Die Zuschauer lachten und klatschten laut. Der Nikolaus wischte sich unter seinen Wattelocken den Schweiß von der Stirn. Als Nächstes wurde Kirstens Mutter aufgerufen. Sie bekam viel Lob und ein besonders großes Päckchen vom Knecht Ruprecht überreicht. Michaels Vater sollte zur Strafe auf dem Flügel „Ihr Kinderlein kommet“ vorspielen, weil er seinen armen Sohn auch am Sonntag Klavier üben ließ. Und Sonjas Eltern traten sogar zu zweit an und bekamen die Rute zu spüren, weil ihre Tochter täglich nur eine Fernsehsendung gucken durfte und sogar mittags das Geschirr abtrocknen musste.
„Das geht aber wirklich zu weit!“, beschwerte sich der Nikolaus, und die Eltern versprachen schmunzelnd:
„Im nächsten Jahr kommt das gewiss nie wieder vor, Nikolaus.“
Schließlich hatten alle Eltern ihr Geschenk vor sich liegen.
„Ist der Sack leer, Ruprecht?“, fragte der Nikolaus. Ruprecht drehte den Sack um und schüttelte ihn. Drei Päckchen purzelten heraus: ein großes, in Silberfolie verpackt und mit einer hellblauen Schleife verziert, und zwei kleinere in buntem Weihnachtspapier.
„Nanu, für wen sind die denn noch?“, wunderte sich der Nikolaus. „Zeig mal her, Ruprecht! – Kaum zu glauben! – Da steht ‚An Frau Siegel’ drauf. Gibt es die etwa auch?“ Ein paar Kinder zerrten die Lehre-

rin näher. „Hier, Nikolaus, das ist sie!“, verkündete Martin. „Oh weh!“, stöhnte der Nikolaus. „Na, du hast doch sicher kein Geschenk verdient.“ – „Doch, doch!“, schrien die Kinder. Die Eltern lachten.
„Das soll ich glauben?“, rief der Nikolaus. „Lehrer verdienen immer die Rute.“ Mit erhobener Rute wollte er sich auf Frau Siegel stürzen.
„Halt! Stop! Hör auf, Nikolaus!“, hörte man da Knecht Ruprecht. „Guck mal, was ich hier habe!“ Er hielt dem Nikolaus das eine bunte Päckchen vor die Nase. „Das ist für dich, Nikolaus. Da stehts. Und das ist für mich.“ Verblüfft ließ der Nikolaus die Rute sinken .
„Toll!“, staunte er und packte seinen Knecht am Schaffell. – „Weißt du was, Ruprecht, hier lassen wir uns im nächsten Jahr wieder sehen. Aber jetzt wird’s Zeit. Wir müssen doch heute noch nach Grönland. – Machts gut alle zusammen!“ Unter lautem Beifall stapften die beiden aus dem Raum. Und alle waren sich einig: Dieser Nikolaus war einmalig!

In der 4. Geschichte hindert ein großer Nikolaus drei kleine Nikoläuse daran, eine Riesendummheit zu machen.

„Um 5 bei mir mit Mantel!!“, hat Max auf sein Löschblatt gekritzelt. Er schiebt es an Jenny vorbei auf das Heft von Chris. Der liest und gibt die Nachricht an seinen Vordermann Jojo weiter. Prompt kommt das Löschblatt auf demselben Weg zurück. Jojo hat dazu geschrieben: „Bingo! Hab ne Maske!“ Und Chris hat „Ich auch!“ dahinter gesetzt.
Die Freunde grinsen sich zu und heben die rechten Daumen.
Gerade geht Frau Elsner an die Tafel, um die Hausaufgaben anzuschreiben.
„Nichts aufgeben!“, jammert Max. „Heute ist doch Nikolaus!“ - „Darauf darf ich im vierten Schuljahr leider keine Rücksicht nehmen“, schmunzelt die Lehrerin. „Ich bin aber gnädig und gebe nur ganz wenig auf.“ Sie weiß ja, dass heute, am 6. Dezember, viele Kinder als Nikoläuse verkleidet herumziehen, Gedichte aufsagen und sich mit Süßigkeiten beschenken lassen. Dann wendet sie sich zu Jojo:
„Kannst du denn dein Nikolausgedicht auswendig?“
„Klar“, nickt Jojo und beginnt: „Ich bin der kleine

König...“ Frau Elsner lacht: „Ihr Großen könnt ja wohl ein richtiges Gedicht aufsagen, oder?“
„Ja, Holler – boller - Rumpelsack...“, kräht Lisanne dazwischen. Den Rest der Deutschstunde verbringen sie mit Gedichteaufsagen, und Frau Elsner vergisst dabei die Hausaufgaben anzuschreiben.
Um Punkt fünf klingelt ein dünner maskierter Nikolaus bei Max. Ein kleiner rundlicher Nikolaus macht ihm die Tür auf. Hinter ihm grinst eine glänzende Maske und Chris wird zweistimmig begrüßt: „Hi! Wird auch Zeit, Alter!“
Sie schultern ihre Säckchen und poltern durchs Treppenhaus. Es ist schon richtig dunkel draußen. Ein kalter Wind bläst ihnen durch die roten Mäntel und in die Kapuzen.
„He!“, ruft Jojo. „Das schneit!”
Tatsächlich wirbeln ein paar winzige Flocken. Im Schein der Straßenlaterne sieht man sie deutlich.
„Jippie!“, freut sich Max. „Morgen hole ich meinen Bob aus dem Keller.“
Sie gehen die Straße hoch zum Neubaugebiet und klingeln am ersten Haus. Ein Stück vor ihnen marschieren zwei kleine vermummte Kerle mit weißen Stofftaschen.
„Ob die uns noch was übrig gelassen haben?“, denkt Max laut. „Logo, ist doch Nikolaus. Du verhungerst bestimmt nicht“, meint Chris. Im Chor sagen sie ihr Gedicht auf und halten die Säckchen

hin. Jeder bekommt ein paar Lebkuchen, Nüsse und eine Mandarine.
Sie gehen von Haus zu Haus, sagen ihr Sprüchlein und freuen sich, weil die Säckchen immer schwerer werden. Chris und Jojo schwitzen unter ihren Masken.
Inzwischen schneit es dicke Flocken.
Die Jungen laufen den dicksten Schneeflocken nach und haben kaum noch Lust Nikoläuse zu sein.
„Los, bis da hinten noch zu Habermanns“, schlägt Max vor. „Die geben immer Kaugummi und so was.“
Endlich haben sie genug eingesammelt. Es hat sich wieder mal gelohnt! Die Beutel sind richtig schwer. Beim Gehen stopfen sie sich die Süßigkeiten in den Mund. „Kommt, wir bringen unsere Sachen heim und machen ne Schneeballschlacht!“
Max stiefelt mit großen Schritten seiner Straße zu. „Ihr stellt eure Säcke erst mal bei uns ab.“
Der Schnee reicht schon zum Schneebällekneten. Sie tummeln sich auf dem Rasen vor Max’ Haus und wälzen sich im Schnee wie junge Hunde.
In den Nikolausmänteln geht das nicht so gut. Max flitzt in sein Zimmer und kommt mit einer dicken Jacke wieder. Er hat auch Handschuhe und die Skimütze dabei.
„Am besten gehen wir zu euch und ihr zieht euch um“, meint er.

Sie traben durch den frischen Schnee und freuen sich über ihre Spuren. Max nutzt seine freien Hände und formt immer wieder kleine weiße Bälle. Die wirft er abwechselnd hinter Chris und Jojo her.

Endlich haben sie genug eingesammelt...

„Das gibt Rache!“, schreit Chris, als das nasse Zeug in seinem Gesicht landet. Endlich sind sie an der großen Brücke.
Jojo und Chris wohnen drüben auf der anderen Seite der Stadtautobahn. Um diese Zeit rollt der letzte Feierabendverkehr aus dem Zentrum. Max beugt sich über das Geländer und zielt mit einem Schneeball auf die fahrenden Autos.
Das macht Laune! Ob er wohl trifft? Schon versucht er es ein zweites Mal.
Platsch – genau hinter einem Mercedes landet der Schnee. Chris und Jojo bleiben stehen und sehen zu, wie Max einen neuen Ball formt.
„He, lass das lieber!“ , meint Jojo. „Gibt höchstens Ärger!“ - „Quatschkopp! Sieht doch keiner!“, lacht Chris ihn aus. Er stellt seinen Beutel ans Geländer und schiebt mit den Stiefeln Schnee zu einem Häufchen. „Ich bau uns’n Vorrat“, sagt er, während Max den nächsten Ball nach unten schickt. Sie bombardieren die Fahrzeuge, die im dichten Flockentreiben ziemlich langsam vorankommen. Max hat genau auf ein LKW – Dach getroffen. Nun fährt sein Schneeball spazieren. Da versucht es auch Jojo.
Gleich beim dritten Wurf klebt sein weißer Klumpen frontal auf einer BMW – Scheibe. Lautes Hupen ist die Antwort. Erschrocken ducken sich die drei hinters Geländer.

Plötzlich fühlt Jojo eine Hand im Nacken. „Au!“, macht er, denn die Hand hat fest zugegriffen. Er will nach hinten ausboxen, doch die Hand lässt nicht los. Langsam wird er herumgedreht... „Upps!“, japst er und starrt ungläubig durch die wirbelnden Flocken in ein bärtiges Gesicht. „D... der... Nikolaus...,“ stottert er.
Der Mann mit der roten Kapuze und dem weißen Wattebart packt Jojo an den Schultern und schaut ihn von oben bis unten an.
Erst jetzt haben die Freunde gemerkt, wer sich an Jojo zu schaffen macht. Sie bekommen vor Schreck kein Wort heraus, stehen nur da und starren den großen und den kleinen Nikolaus an.
„Ihr wollt Nikoläuse sein“, beginnt der Mann mit einer tiefen Stimme, „und macht solchen Mist!“ Jojo klappt den Mund auf und wieder zu und bringt außer einem „Aber...“ nichts zustande. „Was heißt hier 'aber'?“, spricht der Fremde weiter. „Wisst ihr, dass ihr alle drei eine hübsche Tracht Prügel verdient habt?“
Max fasst sich als Erster und setzt sein Unschuldsgesicht auf. „Wieso...“, meint er. „ Wir spielen ja nur Schneeballwerfen...“. Nun findet auch Jojo seine Sprache wieder: „Siehste, hab ich's gesagt! Gibt nur Ärger!“
„Allerdings“, sagt der Mann. „Und wie das Ärger gibt. Sagt mal, ihr Knirpse, habt ihr denn nichts als dummes Zeug in euren Nikolausköpfen?“ - „Was

soll da passieren? Ist doch nur Schnee", murrt Chris und stellt sich breitbeinig vor den großen Nikolaus hin. „Wir haben nix Schlimmes gemacht."
„Kleiner Dummkopf", lächelt nun der Fremde und sein Wattebart verzieht sich nach oben. „Noch nicht – aber es kann schlimm werden. Auch ein kleiner Schneeball kann ins Auge gehen, wie man so schön sagt – und wenn er nur vor die Scheibe knallt."
„So'n bisschen Schnee macht ja wohl nix", brummelt Chris. Was muss der Kerl sich eigentlich einmischen, wo sie doch bloß Spaß haben? Was hat der ihnen überhaupt zu sagen?
Aber da meint der große Nikolaus ganz ruhig, und seine Stimme klingt dumpf hinter der Watte: „ Woher willst du das so genau wissen, kleiner Nikolaus? Hast du schon einen Führerschein? Und hat dir mal jemand bei Tempo 80 was vor die Scheibe geworfen?"- „Nee. Ist ja wohl logisch!", knurrt Chris. „Ich bin noch keine 18!"
„Na siehst du", fährt der Mann fort.
„Aber vorstellen kannst du es dir vielleicht, oder? Und wenn dann noch was Festes drin ist, etwa ein Stein, kann der Autofahrer sich so erschrecken, dass er..." Er sieht die Jungen an und wartet.
„Na ja," meint Jojo, „ vielleicht verliert er die Kontrolle über sein Fahrzeug."

„Genau," nickt Max, „und dann gibt's nen Crash!" „Super!", meint der Mann und klopft Jojo auf die Schulter. „Du hast ja richtig Ahnung!"
Aber sofort wird er wieder ernst und fragt: „Soll ich euch die Geschichte von meinem Bruder erzählen? – Also, es war genau vor zwei Jahren, auch Anfang Dezember. Es hatte das erste Mal geschneit - und er hatte gerade seinen Führerschein – ganz neu..."
Er macht eine Pause und hustet durch den Wattebart. Die Jungen sehen ihn neugierig an.
„Und dann?", fragt Max.
„Blödmann", meint Jojo, „dann hat ihm so'n Doofkopp wie wir was auf die Scheibe geschmissen."
„Stimmt das?", will Max wissen.
„Leider ja", sagt der Mann leise.
„Und da hat's gekracht", vermutet Chris.
Der Mann nickt: „Er sitzt seitdem im Rollstuhl – aus der Traum vom Führerschein..."
Die Jungen schlucken. Keiner bringt ein Wort heraus. Max dreht seinen Schneeball zwischen den Handschuhen und Jojo zieht mit der Stiefelspitze einen Kreis in den Schnee.
„Also, das war's!", sagt der Fremde. „Keine Angst, ich habe euch nicht gesehen. Aber ich denke, ihr wisst Bescheid. Okay?"
„Okay, Nikolaus!", sagen sie gleichzeitig. Max lässt seinen Ball fallen.

„Los, Leute, nix wie weg!“, ruft Chris. Sie schnappen sich ihre Säckchen und traben durch die dichten Flocken davon.

In der 5. Geschichte lässt sich eine Lehrerin von der Vorfreude ihrer Schulkinder anstecken.

„Alle Jahre wieder...“, stöhnte ich, als ich mich neulich mit einer Freundin über die nahende Adventszeit unterhielt. „Ob sie diesmal etwas besinnlicher wird, die ‚stillste‘ Zeit des Jahres?“
„Schön wär´s“, seufzte sie. „Ich meine, je älter man wird, um so hektischer empfindet man den ganzen Weihnachtsrummel. Ich wär´ froh, wenn ich den Trubel schon hinter mir hätte.“
Eigentlich schade, dachte ich; als Kind war´s immer so schön. Da zerging einem das Wort „Weihnachten“ wie ein Sahnebonbon auf der Zunge. Ob das denn unseren Kindern heute noch so geht? Oder haben sie sich schon anstecken lassen von unserem adventlichen Stressgefühl?
Ich habe sie ganz einfach gefragt. Und sie haben erfrischend ehrlich geantwortet.
„Weihnachten“, meinten sie versonnen – und ihre Augen fingen an zu leuchten -, „das ist toll! Wenn man bei der Weihnachtsfeier dasteht und sein Gedicht aufsagen muss, und alle Eltern sitzen drum herum und hören zu, da hat man so ein Kribbeln vor Aufregung. Und auch, wenn der Nikolaus die Päckchen verteilt, ist man so schrecklich aufgeregt,

und dann freut man sich, wenn die Lehrerin was mit der Rute kriegt, weil sie so viele Hausaufgaben aufgibt."
Während der Adventszeit leben unsere Kinder in einer „Zauberwelt" der Vorfreude, des Plätzchenbackens und Naschens, der heimlichen Basteleien, der verbotenen Ecken und sicheren Verstecke für die fertigen Geschenke (wenn Mutti zu neugierig ist, sogar im alten Schrank auf dem Getreideboden), des Schnell-mal-Guckens im rasch entdeckten Geschenkversteck. Das Einschlafenmüssen am 23. Dezember (einmal werden wir noch wach!) wird für alle zur Geduldsprobe. Dafür dürfen sie am Heiligabendmorgen (was für ein Wort!) beim Christbaumschmücken helfen. Und danach kommt´s: das alle Jahre wieder so spannungsgeladene Warten auf´s Christkind – so spannend, dass es einem richtig im Bauch wehtut und die Zeit bis zum Abend sich zieht wie Kaugummi, dass man fast zerplatzt. Nicht mal Mutti zuliebe schafft man es mittags ein Stündchen vorzuschlafen. (Von wegen dafür länger aufbleiben! – Schon um Mitternacht wird man ins Bett geschickt, herausgerissen aus dem schönsten Spiel mit den neuen Geschenken.) Schließlich – kaum noch zum Aushalten, so dass es einem auf dem Rücken ganz kribbelig wird – das Warten vor der Weihnachtsstube, der Versuch, wenigstens einen Blick von den vielen Herrlichkeiten da drinnen zu erhaschen.

Weihnachten... . Das ist toll!

„Warum“, beschwert sich Christian, „dürfen eigentlich wir Kinder nicht schon vorher rein? Wir glauben doch sowieso nicht mehr an den Weihnachtsmann!“ – „Das ist einfach so ein Brauch“, erklärt Melanie. „Die Eltern wollen es für uns eben ganz doll spannend machen. Und außerdem: Meine Geschenke bringt ja das Christkind, und das gibt's wirklich.“
Endlich das Weihnachtsglöckchen hinter der Tür, das von der Mutter angestimmte Weihnachtslied, in der Dunkelheit nur die vielen leuchtenden Kerzen – egal, ob es richtige oder elektrische sind. Sie verzaubern den bunt geschmückten Baum in ein Wunderwerk, das die ganze Familie, natürlich auch Oma und Opa, in einem starken Gefühl der Geborgenheit, der Ruhe und Gemütlichkeit zusammenhält. Da darf der Vater sich ruhig bemühen, diesen Zauber möglichst „Live“ einzufangen, denn alle machen ja heute ihre „Weihnachtsgesichter“, wie Sarah es treffend ausdrückt.
Das wichtigste Gefühl an diesem „heiligen“ Abend ist eben diese Freude beim Auspacken der Geschenke: Welches der vielen bunten Geschenke ist denn für mich? „Ich schäme mich immer, wenn ich´s ausgepackt habe!“, meint Christian. „Ich kann gar nicht sagen warum, aber da krieg ich so ne richtige Gänsehaut.“ Und Florian ergänzt: „Da wird mir ganz warm.“

Ob es allerdings gescheiter ist, sich das größte Päckchen bis zum Schluss aufzuheben, erhitzt die Gemüter. Wichtig ist auf jeden Fall, dass alles hübsch weihnachtlich verpackt sein soll und dass die bunten Namenskärtchen nicht fehlen dürfen. Aber auch die Freude bei den anderen zu sehen, besonders bei den jüngeren Geschwistern, ist für Kinder ein wichtiges Erlebnis. Dafür haben sich die wochenlangen Heimlichkeiten und das aufwendige Verpacken doch gelohnt.
Eines wird später auf dem Film aber fehlen: der unbeschreibliche Duft, der bis in den hintersten Winkel zieht. „Das ganze Haus duftet nach Weihnachten", meint Diana.
Am Montagmorgen schnuppern wir den 1. Advent herbei, wenn wir im Schein von vierundzwanzig Kerzen die erste Weihnachtsgeschichte hören werden und singen: „Bald nun ist Weihnachtszeit" und „Wie bin ich froh, wenn Weihnacht ist". – Friederike sagt: „Wenn man dann aus dem Fenster guckt und es schneit, merkt man erst, dass richtig Weihnachten ist." Und Kristin meint: „Ich finde es immer so schlimm, wenn dann vom Tannenbaum die Nadeln alle runterfallen." Aber auch das wehmütige Ende des Zaubers gehört ja dazu. Abschließend noch meine „ketzerische" Frage: „Was haltet ihr wohl von einem Weihnachtsfest mal ganz ohne Geschenke?" – Erschrockene, fast entsetzte Gesichter:

Nein, das wäre kein Weihnachten. Nur der für manche Kinder sogar langweilige Gang in die Kirche, der Christbaum, die Weihnachtslieder, die Plätzchen – nein, das wollen sie sich einfach nicht vorstellen.
„Naja“, meldet sich Melanie endlich zaghaft, „die Geschenke sind eigentlich gar nicht das Wichtigste. Wir sollen uns doch freuen, weil der Herr Jesus Geburtstag hat.“ Lauter nachdenkliche und ernsthafte Gesichter. Schließlich einigen wir uns: Es gehört einfach *alles* dazu, wenn wirklich Weihnachten ist.

In der 6. Geschichte macht sich Mandy auf einen weiten Weg zum Christkind.

Es ist bitterkalt. Auf den Feldern glitzert der Schnee von der untergehenden Sonne. Mandy hat sich die Mütze über die Ohren gezogen und die Hände tief in ihre Jackentaschen gesteckt. Sie macht große Schritte. Ganz vorne sieht sie den Wachturm. Sie sind schon einmal hinübergefahren, als der neue Übergang aufgemacht wurde. Das war genau an Mandys 5. Geburtstag, und Mandys Papa hatte gemeint: „So was hat es wohl noch nie gegeben für ein Kind in der DDR, solch ein tolles Geburtstagsgeschenk."

Früh um halb sieben haben sie schon in einer langen Schlange von Trabis gestanden, und später haben Mama und Papa abwechselnd gelacht und geweint und immer wieder gerufen:

„Wir sind im Westen! – Wir sind wirklich im Westen!" Dann waren da Schaufenster voll mit Sachen, die Mandy noch nie gesehen hatte. Auch in einem riesengroßen Kaufhaus sind sie gewesen, und Mandy durfte sich eine richtige Barbie aussuchen, wie die aus dem Westfernsehen, mit einem wunderschönen rosaroten Tüllkleid. Mandy muss immerzu an das Kaufhaus denken. Dort wohnt näm-

lich das Christkind – hat Wolfi von nebenan gesagt. Noch zweimal schlafen, dann ist Weihnachten!
Und darum hat sich Mandy ganz allein auf den Weg gemacht, als Mama nach der Mittagspause noch mal schnell in die „HO“ gegangen ist. Sie wollen doch zu Weihnachten einen schönen Braten essen! Eigentlich hatte Mandy gehofft, sie würden alle zusammen rüberfahren und dem Christkind sagen, wie sehr Mandy sich einen Puppenkoffer wünscht – mit Anziehsachen für ihre Barbie. Aber Mama hat nur gelacht:
„Nein, mein Kleines, das geht nicht. Wir haben doch unser ganzes Westgeld ausgegeben.“ Dafür durfte Mandy die letzte Banane allein aufessen, die noch von ihrem Geburtstagsausflug übrig war. Kurz vor der Grenze stehen wieder die Trabis. Mandy huscht eilig an ihnen vorbei. Wenn bloß keiner sie zu Mama zurückschickt. Dicht neben einer Frau mit einem Kinderwagen drängt sie sich an den Grenzsoldaten vorbei. Ein süßes Kerlchen mit roten Bäckchen und einer dicken Wollmütze lacht sie an. Eine Weile geht sie neben ihm her, aber eigentlich hat sie jetzt keine Zeit. Sie will ja in die Stadt, bevor es dunkel wird.
Fast von selbst fangen ihre Füße an zu laufen. Sie muss immer auf dieser Straße bleiben, wo die Autos fahren. Dann ist es gar nicht mehr so weit, hat Mama neulich gesagt. Tüchtig warm wird ihr, und ihr Herz klopft ganz schnell vor Freude. Ob das

Christkind sie wohl erkennt, weil es doch das West – Christkind ist? Aber jetzt, wo die Grenze offen ist, wird es bestimmt auch in Mandys Dorf kommen.
Mandy weiß nicht, wie lange sie so gelaufen ist. Von der roten Sonne ist nichts mehr zu sehen außer ein paar rosa Wölkchen über dem Wald. Mandy kann nicht mehr! Sie lehnt sich gegen einen weißen Straßenstein. Ihr Atem will einfach nicht langsamer werden. Ob es wohl noch weit ist bis in die Stadt?
Sie erschrickt, als ein Auto neben ihr hält. Die Scheibe geht herunter und eine Frau fragt: „Hallo, kleines Fräulein, hast du dich verlaufen?"
„Nee!", japst Mandy.
„Und wo willst du hin?"
„In die Stadt zum Christkind!", sagt Mandy.
„Was, du ganz allein?" Die Frau lässt nicht locker.
Mandy fühlt sich ein bisschen unbehaglich.
„Weiß das denn deine Mutti?"
„Nee!" Mandy mag nicht schwindeln. Die Frau sieht so nett aus. Sie lächelt Mandy freundlich an: „Hör mal, du kleines Fräulein, es ist noch ein ziemliches Stück bis in die Stadt und bald ist es dunkel. Willst du nicht lieber heimgehen?"
„Nee!", sagt Mandy entschieden, und dann kullert eine dicke Träne aus Mandys rechtem Auge.
„Musst nicht weinen!", tröstet die Frau. „Weißt du was? – Du könntest mit mir fahren bis in die Stadt.

„Donnerwetter!", sagt sie nur immer wieder und „Kaum zu glauben, du kleine Rübe!"

Dann helfe ich dir, das Christkind zu suchen. Mit dem Auto sind wir gleich da!"
„Nee!", will Mandy wieder sagen, aber dann sitzt sie doch in dem Auto auf dem Rücksitz, - wie in einem Traum. Es ist ein Westauto. Scheu streicht Mandy über das feine Polster und wagt kaum zu atmen. Auf einmal hält das Auto schon wieder, und die Frau meint fröhlich:
„Da sind wir. Nun musst du mir aber erzählen, wo das Christkind wohnt." -„Im großen Kaufhaus!", sagt Mandy ernsthaft. Dann glaubt sie noch mal zu träumen. Die vielen bunten Lichter, lauter Menschen, überall Musik – und endlich die Regale mit den tollen Spielsachen, die sie schon einmal gesehen hat. Mandy zeigt auf ein rosarotes Köfferchen. Ja, genau dieses müsste das Christkind bringen. Ihre Augen leuchten und ihr ist heiß vor Aufregung. Schließlich stehen sie wieder auf der hell erleuchteten Straße.
„Danke!", sagt Mandy. „Vielen Dank! Jetzt muss ich aber schnell heimlaufen."
Doch die Frau will nicht, dass Mandy im Dunkeln allein heimläuft. Noch einmal darf sie in das feine Westauto einsteigen, und unterwegs erzählt sie der Frau, dass sie Mandy heißt, auch wie Mama und Papa heißen und in welcher Straße sie wohnt.
„Prima", meint die Frau. „Da wird sich deine Mama aber freuen, wenn ich dich bis vor die Haustür bringe." Und natürlich hat sich Mama schon rechte

Sorgen gemacht. Aber als sie hört, wo Mandy gewesen ist, kann sie einfach nicht schimpfen. „Donnerwetter!“, sagt sie immer wieder und „Kaum zu glauben, du kleine Rübe!“
Das Gleiche sagt sie am Weihnachtsabend. Da klingelt es nämlich um halb fünf, gerade als sie in die Kirche gehen wollen. Zu sehen ist niemand, aber vor der Haustür steht ein Päckchen...

„Siehst du, Mama“, lacht Mandy und drückt freudestrahlend das süße rosarote Köfferchen an sich, „ich hab´s doch gewußt: Das Christkind wohnt nämlich drüben im Westen!“

In der 7. Geschichte gibt Tom seinen Weihnachtswunsch im Internet an den Weihnachtsmann weiter.

Tom ist sauer. Nein, eigentlich ist er enttäuscht und mega – traurig...
Und das zwei Wochen vor Weihnachten. Im letzten Jahr konnte er es vor Spannung kaum aushalten, aber diesmal ist alles ganz anders. Ihm ist kein bisschen weihnachtlich zumute. Und schuld daran ist Timo.
Große Brüder sind schlimm. Aber Timo ist nicht nur schlimm, er ist auch gemein.
Er will einfach nicht verstehen, wie es ist, wenn man es vor Traurigsein kaum noch aushält. Als Tom ihn gefragt hat, ob er ihm helfen würde, hat er ihn ausgelacht. Er hat sich an die Stirn getippt und gesagt:
„Träum schön weiter, Kleiner!"
Da ist Mutti gekommen und Timo musste sich in sein Zimmer verziehen. Mutti hat Tom nicht ausgelacht, sie fand seine Idee sogar gut.
Sie meinte: „Lass den Kopf nicht hängen, Tommy! Im neuen Jahr kommt Patrick ein paar Tage zu uns. Da könnt ihr von morgens bis abends spielen und ganz viel Quatsch machen."
Aber genau das ist es:

Tom will Patrick nicht nur für ein paar Tage. Wenn er dann wieder wegfährt, wird alles ja noch schlimmer. Sie werden sich bloß manchmal in den Ferien sehen, denn Patricks Mutter hat gesagt, sie ziehen richtig weit weg – dahin, wo die großen Berge anfangen.
Klar ist es toll, wenn sie sich besuchen dürfen. Aber was wird in der anderen Zeit? Nichts ist mehr mit "Zusammen – ins - Schwimmbad -fahren". Nichts mehr mit "Darfst – du – heute – bei –uns – essen?" Und mit "Im - Schlafanzug – nach – nebenan – huschen" ist es auch vorbei. Mutti versteht das. Sie tröstet Tom: „Bestimmt findest du bald einen neuen Freund hier in der Nähe, Tommy. Der darf dann auch bei dir schlafen..." - „Ich will keinen neuen irgendeinen doofen Freund," mault Tom. „Patrick soll wieder herziehen! Sonst gar nix!" Mutti macht ein nachdenkliches Gesicht. „Wenn das so einfach wäre, mein Schatz! Ich fänd's ja auch toll, wenn seine Mama noch nebenan wohnen würde. Leider geht das nicht. Da gibt's keine Diskussion. Du musst es einsehen, Tommy!" Tom will es aber nicht einsehen. Er rennt in sein Zimmer, schmeißt sich auf sein Bett und heult seinen Kuschelhasen voll.
Das zaubert Patrick nicht wieder her, doch es erleichtert. Herzaubern – ja, das müsste man können. Und da ist Toms Idee von vorhin deutlich in seinem Kopf. Die Idee, für die Timo ihn ausgelacht

hat: Er hat noch nichts auf seinen Wunschzettel geschrieben, und es wird höchste Zeit. Er kann ja jetzt schon ein bisschen schreiben, und genau diesen einen Wunsch muss er aufschreiben.

Er wischt die Tränen in sein Kopfkissen, saust in die Küche und fragt Mutti nach Briefpapier. „Was hast du denn vor?", wundert sie sich. Tom bittet sie, ihm das schwere Wort "Wunschzettel" zu diktieren - das Wörtchen "mein" kann er schon alleine schreiben.

Dann hockt er an seinem Schreibtisch, kaut am Bleistift herum, denkt und denkt...

Wie schreibt man so einen Wunsch auf? Er kritzelt wohl besser erst auf einen Schmierzettel. Tom schwitzt. Endlich ist er fertig. Er buchstabiert: "Mein Wunschzettel: Mein Freund Patrick soll wieder hier wohnen!!!" Ganz groß steht Toms Wunsch auf dem Briefbogen. Zufrieden schreibt er seinen Namen darunter. Er malt noch einen grünen Tannenzweig mit einer blauen Kerze und ein paar gelbe Sterne drum herum. So, Ende!

Vorsichtig faltet er das Blatt klein und legt es Mutti auf den Küchentisch. Sie fragt: „Darf ich lesen?"

„Logo", meint Tom großzügig. „Aber du musst ihn heute noch wegschicken." Das verspricht Mutti, doch als sie Toms Wunsch liest, erkundigt sie sich: „Nur einen einzigen Wunsch hast du? Nichts weiter? Bist du ganz sicher, Tommylein?" - „ Ich bin!", sagt Tom. „Weiter will ich nix. Das reicht doch!"

Beim Abendessen fragt Vati nach ihren Weihnachtswünschen. Timo spart für seinen Mofa – Führerschein. Da möchte er am liebsten nur Geld – und vielleicht noch ein paar coole Klamotten und CDs. Vati schmunzelt: „Bin ich froh, dass unser Kleiner so bescheidene Wünsche hat!“ Er blinzelt Mutti zu. Die meint nachdenklich: „Mir wär's lieber, Tommy hätte Wünsche aufgeschrieben, die in Erfüllung gehen.“

Tom wird rot wie ein Radieschen, als Timo wissen will, was auf seinem Wunschzettel steht. Trotzig sagt er seinen einen Wunsch noch mal laut. Timo kriegt einen Lachanfall, bis Vati schimpft: „Nun halt aber mal die Luft an, Großer! Mir gefällt Toms Wunschzettel. Ich finde ihn sogar ganz super! Warts nur mal ab! Und statt deinen Bruder auszulachen, solltest du lieber nachdenken, wie so ein Wunsch in Erfüllung gehen könnte...“

„Schon gut, ihr zwei!“, mischt sich Mutti ein. „Tommy hat leider einen ungewöhnlichen Wunsch – trotzdem wird der Weihnachtsmann ihn ernst nehmen. Und das wollen wir alle tun, okay? Aber du, Timo, bist mal einige Grade netter zu deinem Bruder. Sonst sehe ich ziemlich schwarz für deinen Wunschzettel! Verstanden?“ - „Okay, okay,“ brummelt Timo und zieht eine Fratze zu Tom. Doch gleich nach dem Essen fängt er an mit Nettsein. Er schlägt Tom vor: „Willst du Computer spielen?“

„Auja!“, strahlt der Kleine und ist schon an der Tür zu Timos Zimmer. Und hier vorm Computer hat er die genialste aller genialen Ideen.
„Ey, Timo“, sagte er. „Weißt du was?“ - „Schieß los, Zwerg!“, meint Timo mit ungewohnter Geduld.
„Können wir nicht meinen Wunsch per Internet durchgeben?“
Als Tom diesen schwierigen Satz heraus hat, strahlt er den Bruder so treuherzig an, dass der ganz ernst bleibt und die Stirn in Falten legt. Wie kommt der Kleine auf so was Verrücktes?, schießt es ihm durch den Kopf. Eigentlich müsste er sagen: „Du hast wohl'ne Meise, Kurzer!“
Aber er hat Fair – Play versprochen. Also gut!
„Na ja, Tommy“, beginnt er vorsichtig. „Darauf wäre ich nie gekommen. Wetten du denkst daran, weil Daddy öfter Sachen übers Internet bestellt, richtig?“
„Logo,“ nickt Tom. „Und er sagt, das geht ganz easy!“ - „Geht's auch – wenn man's kann“, grinst Timo. - „Was is jetzt? Darf ich?“ Tom hüpft vor Aufregung. „Wir müssen Dad fragen“, vertröstet Timo. „Einen Versuch wär's wert!“
Vati macht große Augen, als Tom seine Idee heraussprudelt. Aber auch er lacht nicht. Er zwinkert seinem Großen zu und geht hinüber in sein Arbeitszimmer. „Siehste“, jubelt Tom und hopst hinterher. Sie sitzen zu dritt vor dem Bildschirm. "Wie wäre es, wenn wir ihm eine E- Mail schicken würden?", sagte Vati. "Was ist denn eigentlich eine E-

Mail?", fragt Tom ganz entgeistert. „Eine E-Mail", erklärt der Vater, „ist eine elektronische Nachricht, die blitzschnell von einem Computer zum anderen gesendet wird! Wenn wir also deinen Wunschzettel jetzt eintippen, ist er in wenigen Minuten beim Weihnachtsmann und der kann sich gleich an die Arbeit machen!" Vati klickt mit der Maus wild umher. Endlich ist er da, wo er hin will. Er gibt ein: weihnachtsmann@nordpol.de. Dann dreht er sich zu Tom: „Soll ich schreiben: Lieber Weihnachtsmann! Wir wünschen uns, dass in unsere leere Nachbarwohnung wieder ein netter Junge einzieht, damit Tom einen neuen Freund bekommt!?"
Tom sieht ihn erschrocken an. Er schluckt. Nein, so meint er das nicht! Er will ja gar nicht irgendeinen fremden Jungen – nur seinen Freund Patrick – sonst keinen! Vati versucht, ihm diesen Gedanken auszureden, aber Tom ist stur wie eine große Elefantenherde. Ratlos guckt Vati zu Timo. „Schreib doch einfach was Tommy will", schlägt Timo vor. „Der Weihnachtsmann wird's schon wissen". Da gibt Vati sich geschlagen. Mühsam entziffert Tom schließlich den Bildschirmtext: „Hallo, lieber Weihnachtsmann, ich wünsche mir nur, dass mein Freund Patrick wieder neben uns wohnt. Ende. Dein Tom!"
Zufrieden umarmt Tom erst Vati, dann Timo und seufzt: „War doch ganz einfach, oder?"- „Klar, ganz, ganz einfach!", seufzen Vati und Timo. Plötz-

lich fällt Tom noch etwas Wichtiges ein:„Schreib am besten, ich kann's mir auch erst zum Geburtstag wünschen, wenn's bis Weihnachten nicht geht."
Bis zu seinem Geburtstag am 1. Januar kann er's wohl noch aushalten. „Mach ich doch!", schmunzelt Vati und tippt den Satz dazu.

Die Tage bis zum Heiligabend kriechen wie Schnecken. Tom lauert stundenlang am Küchenfenster und beobachtet die Straße. Er horcht ins Treppenhaus und zum Telefon. Ob er Patrick mal anruft und fragt, wann sie wieder einziehen? Mutti redet ihm das aus. Der Weihnachtsmann möchte es bestimmt nicht.
Am 24. Dezember ist Tom zu nichts zu gebrauchen. Zum Glück kommen gleich nach dem Mittagessen Oma und Opa. Tom muss helfen, die Tanne zu schmücken. Später muss Opa dafür drei Runden „Mensch – ärgere – dich – nicht" spielen. Es gibt Tränen, als Tom mit in die Kirche gehen soll. Wenn nun in der Zeit gerade der Möbelwagen vorfährt? Oma schimpft mit Vati, weil er Tom einen solchen "Floh ins Ohr" gesetzt hat. Aber in Toms Ohr ist gar kein Floh – in seinem Bauch ist nur ein dicker Stein... Nach dem Krippenspiel in der Kirche saust Tom wie ein Formel I – Fahrer um die zwei Straßenecken. Als Vati und Opa mit großen Schritten hinterherkommen, hockt er wie ein Häufchen

Ich kann's mir auch erst zum Geburtstag wünschen, wenn's bis Weihnachten nicht geht...

Elend auf der Treppe und hat gar keine Lust mit nach oben zu gehen. Erst als Oma ihn in die Arme nimmt und flüstert: „Tommyschatz, sollen wir etwa ohne dich die Bescherung machen?“, trottet er mit hängendem Kopf die Stufen hoch. Am besten verkriecht er sich jetzt in seinem Bett...

Auf Toms Seite vom Christbaum liegen kleine und größere bunte Päckchen. Ein weißes Tuch deckt etwas Großes, Viereckiges zu. Zögernd steht Tom da, hat die Hände in den Hosentaschen vergraben und schaut von Mutti zu Vati und dann zu Timo.

„Aber...“, fängt er an und kämpft mit den Tränen. „Ich hab doch nur einen einzigen Wunsch aufgeschrieben.“ Da schiebt Oma ihn zu seinem Päckchenstapel und sagt leise: „Bist du gar nicht neugierig auf deine Geschenke, Tommy?“ Sie hilft, das Tuch hochzuheben. „Oh...!“, macht Tom und kann kaum glauben, was er sieht. Aus einem Käfig gucken ihn zwei dunkelbraune Äuglein neugierig an und ein Schnäuzchen schnuppert in seine Richtung.

„Ein Meerschweinchen! Wow!“, jubelt er und hockt schon vorm Käfig. Mutti hilft ihm, das Tierchen herauszuholen. Den ganzen Abend lässt er es nicht von seinem Arm. Er hat kaum Zeit, die schönen Spiele, Bücher, CDs und Anziehsachen auszupacken.

Als Opa fragt: „Und wie soll deine Meersau heißen?“, ruft Timo: „Ganz klar, die heißt Patrick!“ -

„Heißt sie eben nicht!“ Tom sieht hilfesuchend zu Vati. „Du, Papa, hat der Weihnachtsmann meinen Wunschzettel falsch gelesen? Du hättest ihm noch schreiben müssen, wer Patrick ist – ein richtiger Junge – kein Meerschweinchen!“

Opa lacht, dass ihm der Bauch wackelt, aber Oma drückt Tom an sich und meint: „Wart’s nur ab, mein Junge. Der Weihnachtsmann hat deinen Brief ganz bestimmt bekommen, doch zaubern kann er leider auch nicht. Er kann wohl nur Tiere schenken – bei Menschen bin ich mir da nicht so sicher.“ Und weil sie sieht, wie Toms Mundwinkel zucken, drückt sie ihn noch fester.

„Nicht traurig sein, kleiner Schatz! Dein Meerschweinchen freut sich auch, wenn du es sehr lieb hast. Du bist doch jetzt sein großer Freund und es braucht dich!“ Sie streichelt das Schnäuzchen und streicht dann über Toms Kopf.

„Ach, Oma...“, seufzt Tom. Er ist auf einmal nur noch müde...

Am zweiten Feiertag sitzen sie gerade beim Frühstück. Tom hat Micky, die “Meersau“, auf dem Schoß und versucht dabei, seine Kakaotasse leer zu trinken. Plötzlich klingelt es.

„So früh schon Besuch“, wundert sich Opa. „Geh mal gucken, Timo!“, sagt Vati. „Immer ich!“, knurrt Timo und schlakst zur Tür. „Dad, komm mal – für dich!“, ruft er. Sie hören Vati mit jemandem reden. Neugierig rutscht Tom mit Micky vom Stuhl und

schiebt sich in den Flur. Was wollen fremde Leute um diese Zeit von Vati? Den Mann und die Frau hat er noch nie gesehen. Vati sagt: „Kommen Sie doch herein in die Weihnachtsstube!“ und winkt die Leute hinter sich her. Als die beiden an Tom vorbei sind, kommt plötzlich noch einer hinterher gestolpert – etwa so groß wie Tom, mit hellen strubbeligen Igelhaaren. Graue Augen über einer Stupsnase sehen Tom herausfordernd an.
„Hi!“ , sagt eine muntere Stimme. „Manno, du hast ja mein Meerschweinchen!“ Tom reißt die Augen auf und hört sich sagen: „Das ist meine Micky – dass dus nur weißt!“
Und dann kann er kaum glauben, was er in den nächsten Minuten erfährt: Der Igelkopf heißt Patrick – mit ä, weil's englisch ausgesprochen wird. Er hat tatsächlich ein Meerschweinchen, das Mickys Zwilling sein könnte, und er wird am ersten April sieben Jahre alt. Aber das Verrückteste kommt erst: Gleich nach Toms Geburtstag zieht er in die Wohnung nebenan ein. „Das gibt es nicht!“, sagt Mutti ein paar Mal. „Nein, wirklich, das gibt es nicht!“, sagen Oma und Opa. Vati und Timo sagen gar nichts. Sie gucken sich nur an, als würden sie die Welt nicht mehr verstehen. „Das gibt's eben doch!“, sagt Tom und erzählt Patrick mit ä die Geschichte von seinem Wunschzettel und Patrick mit a.
Mit großen Ohren hören die Erwachsenen zu. Endlich hat Tom fertig erzählt. Mutti und Vati zwinkern

sich zu und Mutti meint: „Was bin ich froh, dass dein Name englisch ausgesprochen wird, Patrick. Sonst würden wir den alten und den neuen Patrick im nächsten Jahr womöglich verwechseln!“

In der 8. Geschichte fällt es zwei Brüdern schwer, sich auf Weihnachten zu freuen.

„Freu ich mich auf Weihnachten!“ Aufgeregt hopst Cora durch die Küche und schwenkt ihren vollen Nikolausstiefel.
„Im Kindergarten kommt heute auch der Nikolaus, Cora- Mäuschen“, freut sich die Mutter über die strahlenden Kinderaugen. „Aber nun in die Jacken mit euch, sonst verpasst ihr noch den Bus!“
„Freu ich mich auf Weihnachten!“, sagt etwas später Coras Bruder Jakob zu seinem Zwilling Jonas, als sie sich nebeneinander auf einen freien Platz im Schulbus gequetscht haben.
„Du auch?“, brummt Jonas. „Am liebsten würde ich vorher auswandern!“ Eine Weile starren die Jungen hinaus in den dunklen Wintermorgen. „Glaubst du, er vermiest uns wieder den Heiligabend?“, beginnt Jakob. „Ich hoff's ja nicht, aber es wird wohl so sein“, antwortet Jonas leise. „Ist doch immer dasselbe mit ihm! Gerade denkt man, jetzt hat er's geschnallt, jetzt begreift er endlich, wo's langgeht – und peng! – schlägt er wieder zu.“
Erneutes Schweigen. „Ob wir nicht noch mal mit ihm reden sollten?“, meint Jakob. „So ganz in aller Ruhe, weißt du. Das bringt vielleicht mehr, als

wenn Mutti ihm einen vorheult oder ihm die Flaschen versteckt.“ Jonas zieht die Augenbrauen hoch.
„Ich denke, das können wir uns wohl sparen“, sagt er langsam. „Da redest du ihm ins Gewissen, er setzt sein ‚Ich - weiß –gar – nicht –wovon – ihr – redet- Gesicht’ auf, aber kein Mensch weiß, was er innen drin denkt.“ - „Ja, das stimmt“, gibt Jakob zu. „Du quasselst dir den Mund fusselig, und dabei weißt du genau, er will’s gar nicht hören.“
„Das geht in meinen Schädel nicht rein, wie einer mit über vierzig so vernagelt sein kann“, murrt Jonas. „Und wir sind ihm alle scheißegal! – Wenn ich nur daran denke, möchte ich ihm am liebsten links und rechts...“ – „Es würde ja doch nichts helfen“, seufzt Jakob. „Cora hat’s gut! Die kann sich noch freuen. Die rafft das alles gar nicht. Hauptsache, er ist der liebe Papi, der seinem Cora – Schätzchen die vielen Geschenke mitbringt. Dann riecht sie seine Fahne überhaupt nicht.“
„Das ist es ja gerade“, schimpft Jonas. „Da tut er immer sonst wie lieb, mimt den tollen Vater und steckt dir die Zehnmarkscheine zu. Dabei hat er nur ein schlechtes Gewissen, weil er genau weiß, was für ein Ekel er sein kann.“
„Ob er uns dann als Vierlinge sieht? – So viel kann einer doch zwei Söhne allein gar nicht anmachen.“ Jakob muss lachen. – „Wenn’s nur zum Lachen wäre!“, meint Jonas niedergeschlagen. „Was er uns

wohl diesmal unterm Tannenbaum so alles vorlabern wird? – Ich kann's schon lange nicht mehr hören. Immer derselbe Schwachsinn! Ich frag' mich nur, wie Mutti das noch aushält. Die Ärmste muss ihn sogar nachts ertragen."
„Ich glaub', sie hält's nicht aus", überlegt Jakob, „sie nimmt sich bloß zusammen. Sie denkt, sie

Was wünschst du dir eigentlich in diesem Jahr?

muss sich im Griff haben – wegen uns, aber vor allem wegen Cora. Und wie ernst sie immer ist! Lachen? – Nee, das tut sie schon lange nicht mehr."

„Seit unserem letzten Urlaub", meint Jonas nachdenklich, „hat sie kein einziges Mal mehr gelacht. – Du, ich find' das so mies!" Er ballt die Fäuste. „Warum lassen wir uns das eigentlich gefallen? Warum wehren wir uns nicht einfach?" – „Und wie soll das gehen?", fragt Jakob erschrocken. „Der haut uns grün und blau, wenn er nicht weiß, was er tut."

„Nee, so nicht", sagt Jonas. „Ich meine, wir müssen wen fragen, der was von so Problemen versteht." – „Wen willste denn da fragen?" Ungläubig sieht Jakob den Bruder an. „Außerdem – Mutti hat uns immer verboten, mit anderen darüber zu reden – wegen der Nachbarn und dem ganzen blöden Geschwätz und so."

„Denkste etwa, die sind alle blind?" Jonas tippt sich an die Stirn. „Das weiß doch jeder in unserer Straße... . Aber du, Jakob, ich hab mal gehört, an unserer Schule soll's 'nen Lehrer geben, der da Bescheid weiß. So'n Suchtlehrer oder wie der sich nennt."

„Du hast ja gelitten!" Nun tippt Jakob sich an die Stirn. „Was soll der wohl von uns denken? Der kennt uns doch überhaupt nicht!"- „Na und!" Jonas macht ein entschlossenes Gesicht. „Wir sollten's aber trotzdem versuchen. Ich muss einfach mal in

Ruhe mit jemand darüber reden. Wenn du zu feige bist, mach ich's eben allein."
„Na ja", Jakob beißt sich auf die Unterlippe, „ich weiß ja nicht, vielleicht können wir uns dann doch ein bisschen auf Weihnachten freuen. – Aber wehe, du sagst Mutti was davon! Die dreht durch!"
„Ich heiß' doch nicht Jakob!", knurrt Jonas. „Also, nachher in der großen Pause geh' ich mal ins Sekri fragen, wie der Lehrer heißt. Kommst du mit?" – „Logo", nickt Jakob. „Bin ja selber gespannt..." Langsam rollt der Bus auf die Schulhaltestelle zu. „Du Jonas, was wünschst du dir eigentlich in diesem Jahr?", fragt Jakob und greift nach seinem Rucksack. „Blöde Frage!", brummt Jonas. „Wovon hatten wirs denn die ganze Zeit? – Also, hör gut zu, Bruderherz: Hätte ich nur einen einzigen Wunsch frei, dann gäb's mit Sicherheit nicht den kleinsten Tropfen Alkohol auf der ganzen Welt."

In der 9. Geschichte wird das wichtigste Geschenk für Anna zu einem unlösbaren Problem.

Wie soll man einschlafen, wenn immer neue Tränen die Nase verstopfen? Annas Taschentuch ist nass vom vielen Schniefen. Unruhig wälzt sie sich auf dem feuchten Kopfkissen. Warum ??? – Es ist eben so! Sie muss sich damit abfinden, auch wenn allein der Gedanke daran ihr so weh tut.. .

Was war das für ein Gefühl, als sie unter den brennenden Kerzen das Körbchen entdeckte. Darin lag auf einem Kissen ein Buch. „Auf den Hund gekommen", buchstabierte Anna und schaute ihre Eltern verwundert an.

„Du musst es aufschlagen", meinte die Mutter. Aus dem Buch fiel ein Briefumschlag mit einer Weihnachtskarte. Im Kerzenschein entzifferte Anna Vaters Schrift: „Gutschein! Für einen Freund mit vier Beinen – abzuholen im Tierheim." Anna hatte vor Überraschung kaum „Danke" sagen können. Ein Hund, ein richtiger, lebendiger Hund! Wie er wohl aussehen würde? Anna tanzte mit dem Körbchen durchs Zimmer. Dabei entdeckte sie unter dem Kissen ein grünes Halsband und eine Hundeleine. Die musste sie gleich ihrem Vater anlegen, und der „bellte" laut, kroch schnuppernd um den Weih-

nachtsbaum herum und „hob Beinchen“. Die Mutter konnte sich vor Lachen kaum halten.
Den Heiligabend verbrachten sie damit, sich gegenseitig aus dem Hundebuch vorzulesen und sich die lustigsten Namen für ihr neues Familienmitglied auszudenken. Die Feiertage kamen Anna endlos vor. In der Nacht träumte sie von einem Hund. Seine großen braunen Augen und sein weiches Fell sah sie noch beim Frühstück deutlich vor sich. Vor Aufregung brachte sie kaum ein halbes Brötchen herunter. Endlich hatten auch die Eltern fertig gekaut.
Der ungewohnte Geruch und das ohrenbetäubende Gekläff in den vielen Zwingern machten ihr ein wenig Angst. Verwirrt sah sie in die Hundeaugen. Wie erwartungsvoll sie auf Anna schauten! Bellten alle diese Vierbeiner nicht dasselbe: „Nimm mich mit, bitte, bitte!“
„Hier, der Taps ist ein besonders Lieber. Er ist sozusagen eine Seele von Hund“, sagte da die junge Frau, der Anna ihren Gutschein gezeigt hatte. „Mit ihm würdest du dich sicher gut verstehen.“ – „Oh!“ Anna schluckte. Da war er ja, der Hund aus ihrem Traum. Genauso hatte er ausgesehen.
Die ersten Tage mit Taps waren gar nicht so einfach gewesen. Anna hatte es sich leichter vorgestellt, mit ihrem neuen „Bruder auf vier Beinen“ einig zu werden. „Deine ’Seele von Hund’ scheint ja einen noch größeren Dickschädel zu haben als

sein Frauchen“, neckte der Vater. Und tatsächlich: Taps gehorchte nur, wenn er Lust hatte – und selten aufs erste Wort. „Man merkt, dass er mit einem Dackel verwandt ist“, meinte die Mutter. Doch schon nach einer Woche hatte Anna sich so an ihren „verrückten Hundeköter“ – wie sie ihn selbst manchmal liebevoll nannte – gewöhnt, dass sie am liebsten nie mehr in die Schule gegangen wäre. Sogar bei Regenwetter tobten die beiden im Garten. Taps vertrug sich bestens mit Ricki, dem Pudel von Annas Freundin Mara. Zu viert machten sie lange Spaziergänge durch die Felder, damit Taps und Ricki toben und „Mäuschen suchen“ konnten.

Dann waren die Ferien zu Ende. Die Mutter versprach, sich vormittags um Taps zu kümmern. Wenn Anna mittags die Treppe heraufstürmte, gab es eine stürmische Begrüßung. Und als endlich der lang ersehnte erste Schnee fiel, kamen sogar die Hausaufgaben zu kurz, weil Frauchen und Hundchen gar nicht genug von den weißen Flocken bekommen konnten.

An einem Abend im Februar setzte sich bei der Gute – Nacht – Geschichte auch Annas Vater mit auf Annas Bett. „Ihr guckt ja so komisch!“, wunderte sich Anna. „Ist was los?“ Die Mutter sagte kein Wort und streichelte Annas Hand. Endlich begann der Vater: „Weißt du, kleine Annamaus, es gibt da ein Problem.“ – „Wieso?“, fragte Anna erstaunt. „Ja, Kind, es geht um deinen Taps“, fuhr Vater fort.

In der Nacht träumte sie von einem Hund...

„Um Taps? Aber... mögt ihr ihn etwa nicht?“ Anna fühlte, wie ihr das Blut in den Kopf stieg.
„Natürlich mögen wir ihn, du Dummchen!“ Vaters Stimme klang etwas wacklig. Er schob Mutters Bluse ein Stück hoch und deutete auf eine rote Stelle an ihrem Unterarm. „Schau mal, Anna, siehst du diese kleinen Pickel? – Das ist ein Ausschlag.“
„Oh“, machte Anna erschrocken. „Hat Taps dich da gekratzt?“ – „Nein, nein“, beruhigte Mutter, „das

würde er wohl nicht tun. Taps ist wirklich sehr brav. Aber meine Haut verträgt seine Hundehaare nicht. Man nennt so was eine Allergie, sicher hast du schon mal davon gehört." Bestürzt sah Anna von Mutter zu Vater und dann zu Taps, der ihr aus seinem Körbchen zublinzelte. „Ist... ist...", stotterte sie, „ist das gefährlich? Ist das eine schlimme Krankheit?" – „Nein, Mäuschen, direkt gefährlich ist es nicht," tröstete der Vater. „Es juckt und ist unangenehm. Vor allem aber geht es wohl kaum wieder weg, solange der Hund im Haus ist."
Zuerst verstand Anna nicht, was Vater sagen wollte. Doch allmählich begriff sie: Ihre Mutter würde krank - wegen ihrem Taps. „Müssen wir... muss Taps... könnte er nicht eine Hütte im Garten...?" – „Es tut mir so Leid", sagte Mutter ....

Anna schnieft und schnieft. Sie zieht die Bettdecke über den Kopf. Die Eltern sollen bloß nicht hören, wie schlimm es für Anna ist. In ihrem Kopf ist alles durcheinander. „Taps muss weg!", dröhnt es. „Ich hab meinen Taps so lieb!", schluchzt Anna. „Er ist doch mein Hund!" Auf einmal faltet sie die Hände. „Lieber, lieber Gott, nimm mir meinen Taps nicht wieder weg!" Sie presst die Hände so fest aneinander, dass es weh tut. Eine Weile liegt sie und rührt sich nicht. „Lass alles gut werden, lieber Gott, bitte, bitte, bitte!", flüstert sie.

In der 10. Geschichte spielt der Heiligabend für zwei sehr unterschiedliche Mädchen auch eine völlig unterschiedliche Rolle.

Sandra wohnt in einem Vorort der Großstadt Frankfurt. Sie ist neun Jahre alt und hat in diesem Jahr besonders viele Weihnachtswünsche. Endlich ist der Heiligabend da. Sandra hat kaum Ohren für das, was der Pfarrer in der Kirche sagt. Wenn doch endlich die Bescherung wäre!

Als die Mutter sie dann ins Weihnachtszimmer ruft, hat Sandra kaum Augen für den Lichterbaum. Hastig reißt sie die vielen Päckchen auf: Bücher, Spiele (wie jedes Jahr), ein Pullover, eine Thermohose, ein Schianzug, rote Stiefel (das hat sie natürlich alles schon anprobiert), von der einen Oma Schlittschuhe, von der anderen Oma echt silberne Ohrringe, drei Videokassetten und ein großer CD – Player mit Radio und Wecker (den hat sie sich selbst aussuchen dürfen) und natürlich ein ganzer Berg Schnuckzeug. Sandra sieht sich suchend um.

„Na, Kind, bist du zufrieden mit dem Weihnachtsmann?“, fragt Vater.

„Ich hatte mir doch einen Diskman gewünscht“, sagt Sandra enttäuscht.

„Aber Sandra", tröstet die Mutter, „alle Wünsche können nun mal nicht erfüllt werden. Der Weihnachtsmann war doch so fleißig!"
Sandra kann sich trotzdem nicht richtig freuen. Beim Essen stochert sie lustlos im Krabbencocktail herum, und vom Putenbraten und den Kroketten isst sie wie ein Spatz. Sogar von der Eistorte bleibt ein großes Stück liegen. – „Lass das Kind nur!", sagt Vater, als er Mutters vorwurfsvollen Blick sieht. „Denk an die vielen Süßigkeiten in den letzten Wochen. Ich kann verstehen, dass sie keinen Appetit hat."
Sandra ist froh, als die Eltern ihr erlauben, sich eine von ihren neuen Videokassetten anzusehen. Die eine scheint so richtig schön gruselig zu sein...

Sandi lebt in einem kleinen Dorf in Äthiopien, mitten in Afrika. Ihre Mutter hat ihr vor einigen Wochen gesagt, dass sie nun neun Jahre alt wäre. Sandy weiß, was das bedeutet: Sie wird noch härter auf dem Feld mitarbeiten müssen, damit für ihre jüngeren Geschwister etwas zu essen in die Lehmhütte kommt. Sandi hat sich daran gewöhnt, ständig mit leerem Magen herumzulaufen. Aber ihr tut es Leid, wenn die Kleinen oft abends vor Hunger nicht einschlafen können.

Aber dann kommt das Schönste...

Heute gehen sie eher vom Feld heim als sonst. Als sie in die Hütte treten, schnuppert Sandi. Ein ungewöhnlicher Duft kommt ihr entgegen.
„Heute ist Weihnachten, Sandi!", sagt die Mutter, und ein ungewohntes Leuchten steht in ihren Augen. „Ein Lastwagen war da und hat Reis und Fleisch gebracht." Mit einem Satz ist Sandi am Feuer.
„O Mutter", jubelt sie, „Weihnachten - wie schön!"
Später sitzen sie im Halbkreis vor der Hütte. Alle Nachbarn sind herübergekommen. Sie essen schweigend, Löffel um Löffel, sehr langsam und voller Andacht. Sandi ist so feierlich zumute wie jedes Jahr am Heiligabend. Als sie sieht, dass ihr Vater die Schale mit den Fingern auskratzt, wischt auch sie das Holz blank. Die Kleinen nehmen einfach ihre Zungen.
„Sie sehen heute so fröhlich aus", denkt Sandi voller Dankbarkeit. „Wie ihre Augen strahlen!"
Aber dann kommt das Schönste: Die Mutter packt für jedes Kind einen Apfel aus, leuchtend grün und glänzend.
„Für euch!", sagt sie mit einer ganz fremden Stimme. „Weil heute Weihnachten ist." Da muss Sandi vor lauter Glück weinen.

In der 11. Geschichte erlebt ein besonderer Junge einen seltsamen Heiligabend.

„Heiligabend!“ Er sprach das Wort ganz leise, und ihm lief dabei ein Schauer über den Rücken. Nicht so ein Schauer wie in all den anderen Jahren, in denen er vor Freude immer ein bisschen verrückt gewesen war. Sein dreizehnter Heiligabend und sein Geburtstag zugleich!

Da sollte man nicht abergläubisch sein, wenn einem beim bloßen Gedanken an dieses Weihnachten so ein Schauer über den Rücken lief. Einen „Christian“ hatte sich seine Mutter gewünscht, weil er mit Gottes Sohn an einem Tag Geburtstag hatte. Er hatte nie etwas gegen seinen Namen gehabt. Aber seit dem letzten Heiligabend hätte er lieber Hannibal oder Leopold heißen mögen.

Nie mehr würde er sich auf Weihnachten freuen, seit sie vor einem Jahr genau am Heiligabend seine Mutter aus den Autotrümmern gezogen hatten. Er war vor Entsetzen ganz steif gewesen, hatte kaum begreifen können, dass all das Schreckliche um ihn herum Wirklichkeit war. „Ein schwerer Schock“, hatte der Arzt später gemeint. Den Sommer über hatten Vater und er versucht, mit der Sache fertig zu werden. Das Leben war einfach weitergegangen und hatte sie mitgerissen. Sie waren mit ihrem „Junggesellenalltag“ einigermaßen zurechtgekommen. Und Christian war ja auch kein Kind mehr. Fast zu vernünftig war er geworden und schon bald ein richtiger Mann.

Und dann hatte Vater mit ihm gesprochen – von Mann zu Mann. Christian hatte es nicht wahrhaben wollen, aber es stimmte. Sein Vater hatte wieder jemanden kennen gelernt, und es schien ihm sogar ernst zu sein. Christian hatte sich damit abgefunden, - sein Vater war schließlich alt genug, und Christian war eben nur Christian und würde eines Tages aus dem Haus gehen. Aber dass diese neue Frau ausgerechnet zu Weihnachten auftauchen sollte – das ging zu weit! Da halfen sämtliche Gründe nicht, die sein Vater aufführte. Er fand Vaters Haltung jedenfalls unmöglich und war fest entschlossen, dieses Spiel nicht mitzumachen. Er hatte Vater vorgeschlagen, ihn zu den Großeltern zu schicken. Aber Vater hatte sich auf keine Diskussion mehr eingelassen.

„Sei nicht kindisch!“, hatte er gesagt. „ Helga ist eine prima Frau. Du solltest doch wissen, was für einen guten Geschmack dein Vater hat. Und glaubst du vielleicht, dass es für uns beide angenehm wäre, wenn wir ausgerechnet zu Weihnachten hier herumsitzen und die Köpfe hängen lassen?“

Für Christian war das Thema damit nicht abgeschlossen. Er hatte aber lieber den Mund gehalten.

„Mach mir ja keine Show!“, hatte Vater gesagt, bevor er zum Bahnhof fuhr, um „sie“ abzuholen. Christian hatte nicht geantwortet. Dann hatte er seine Stereoanlage so weit aufgedreht, dass ihm der Kopf dröhnte. In einer halben Stunde würde Vater ihn rufen und erwartete von ihm eine höfliche Begrüßung. Dann würden sie zusammen essen fahren, und danach würden sie „Bescherung“ spielen. Ihm wurde schon beim Anblick der geschmückten Edeltanne übel. Und von ihm würden sie erwarten, dass er sich über die Geschenke freute. Was „sie“ ihm wohl mitbrachte?
„Danke, Helga!“, übte er vor dem Spiegel und verzog seinen Mund. „Vielen Dank auch!“ Wenn ihm nicht so scheußlich gewesen wäre, hätte er laut losgeprustet über sein blödes Gesicht. Das würde eine „schöne Bescherung“ geben! Er starrte hinaus in den Nieselregen.
So war es auch im letzten Jahr gewesen, als sie zur Bescherung zu den Großeltern gefahren waren. Auf dem Heimweg war es kalt geworden. „Stellenweise Glatteis“, hatten sie auf HR 3 gemeldet. Mutter war gefahren, weil Vater zu viel von Opas Wein getrunken hatte. Sehr vorsichtig war sie gefahren. Und dann war ihnen dieser Kerl entgegengekommen. In Christian zog sich etwas zusammen, wie immer, wenn ihm diese Szene wieder hochkam.
Er stellte die Musik ab, nahm seine Regenjacke von der Garderobe und stieg langsam die Treppe

hinunter. Zögernd öffnete er die Haustür. Vater würde sauer auf ihn sein – und es war ihm nicht egal. Aber dann stand er auf der Straße und ging – als wäre er aufgezogen. Er könnte einen Stadtbummel machen; das würde ihn aufmöbeln. Erst als ihm die Haare in die Augen hingen und Tropfen über sein Gesicht liefen, fühlte er den Regen. Trotzig zog er die Schultern hoch und schlenderte von Schaufenster zu Schaufenster. Sie würden längst zu Hause sein und ihn suchen. Ob Vater wohl fluchte? Und was „sie" wohl dachte? – Es wurde allmählich dunkel. Er begann zu frieren. Wo nur die Leute alle hinwollten – bei dem Wetter?

Da fingen die Glocken an zu läuten. Wieder lief ihm so ein Schauer über den Rücken. Er ging einfach hinter den Leuten her, trat mit ihnen durch die schwere Holztür, roch den Duft von Kerzen und Tannen. Dann saß er mitten zwischen ihnen, spürte angenehme Wärme und schaute an den dicken Säulen hoch zur gewölbten Decke, wo er als kleiner Junge immer nach Gott und den Engeln Ausschau gehalten hatte. Mutter hatte neben ihm gesessen und ein feierliches Gesicht gemacht.

„Mutter!", murmelte er und presste die Hände zu Fäusten.

Brennende Kerzen wurden durch die Reihen gereicht. Die Leute entzündeten die weißen Lichter, die an den Bänken festgemacht waren. Während Christian in die flackernde Flamme sah, begegnete er dem Blick einer Frau. Sie saß schräg vor ihm. Er zuckte zusammen. „Mutter!“, sagte er leise. Das waren ihre Augen! Noch immer sah ihn die Frau an, als erwarte sie, dass er sie begrüßte. Das Gesicht kam ihm bekannt vor – wegen der Augen. Die Frau hatte dunkle, wellige Haare, anders als Mutters blonde. Und doch musste Christian diese Frau anstarren, als würde sie sich jeden Augenblick in seine Mutter verwandeln. Die Leute sangen Weihnachtslieder. Er konnte nicht mitsingen. Er hörte nur das Brausen der Orgel in seinen Ohren. Er stand auf und faltete die Hände, wenn alle es taten. Aber er konnte nicht beten.

Er sah zur Kanzel hinauf, während der Pfarrer seine Weihnachtspredigt hielt und von Liebe und Freude sprach. Aber in ihm war kein Echo. Er empfand keine Liebe, keine Freude. Er wollte nicht froh sein, nur weil die anderen froh waren.

„Heute hat Gott uns seinen Sohn geschenkt!“, sagte der Pfarrer. „Seid dankbar für dieses Geschenk!“ Aber warum sollte er dankbar sein? Was nützte ihm Gottes Sohn, wenn Gott dafür seine Mutter gewollt hatte? Wie konnte Gott ihn lieb haben, wenn er so grausam zu ihm gewesen war? – Gott hatte ihn so sehr enttäuscht. Wie konnte er da jemals wieder froh werden, nur weil Heiligabend war und alle sich freuen sollten!

Trotzig starrte er in die Kerzenflamme. Er erschrak, als er die Augen sah. Ernst und fragend blickten sie ihn an, und er glaubte, in ihnen Trauer zu sehen.
Als die Leute aus der Kirche strömten, zogen sie ihn mit hinaus in die Dunkelheit. Vor einem Schaufenster blieb er stehen. Ihm war ungemütlich kalt hier draußen. Er könnte einen Dauerlauf machen. Aber wohin? Sie würden ihn nicht verstehen, wenn er jetzt nach Hause käme.
„Na, und du?“, fragte eine leise Stimme neben ihm. Er blickte auf und war nicht überrascht, als er wieder diese Augen sah. Immer noch fragend, aber freundlich sah die Frau ihn an. „Musst du denn nicht heim? – Deine Mutter wird sich Sorgen machen.“
„Wird sie nicht!“, sagte er leise, weil sie es nicht hören sollte. Sie hörte es aber doch. „Bestimmt wird sie!“, sagte die Frau. „Sie hat dich ja lieb!“
„Sie ist tot“, sagte er. „Heute genau ein Jahr, und ich habe Geburtstag.“ Er starrte in das erleuchtete Geschäft. „Oh“, sagte die Frau nur. Schweigend standen sie nebeneinander. „Und wo gehst du jetzt hin?“, fragte sie endlich. „Ist doch sowieso egal“, sagte er. „Wenn nur Weihnachten erst vorbei wäre!“
„Ja, wenn man niemand zum Feiern hat, denkt man so“, sagte die Frau.
„Ich erlebe schon das zehnte Weihnachtsfest allein. Da ist es schwer, froh zu sein, auch wenn der Pfar-

rer es sagt.“ Er nickte und fühlte, wie ihm die Tränen in die Augen schossen. Er hatte sich fest vorgenommen, nicht zu weinen. Nun machte es ihm nichts aus.

„Wollen wir zusammen gehen?“, fragte die Frau. „Es tut gut, mit jemandem zu reden.“ Sie fasste ihn am Arm, und er ging neben ihr her und wusste nicht, wohin sie gingen. Dann begann er zu erzählen. Es kam wie von selbst. Sie hörte geduldig zu und unterbrach ihn nur manchmal. Ihre Augen sah er trotz der Dunkelheit immer noch deutlich. Es war merkwürdig: Je mehr es aus ihm herausbrach, um so leichter wurde ihm. Er war nicht mehr trotzig. Als er schwieg, sagte sie:

„Ich danke dir, Christian. Es hat mich sehr froh gemacht, dir zuzuhören. Und du siehst auch nicht mehr so traurig aus.“

„Bin ich auch nicht!“, stellte er überrascht fest. „Ich danke ihnen auch fürs Zuhören.“

„Dann solltest du jetzt schleunigst hineingehen. Sie werden dich vermissen.“ Verblüfft erkannte er, dass sie vor seiner Haustür angekommen waren. Er war doch nur gegangen, ohne auf den Weg zu achten.

„Woher wissen Sie, dass ich hier wohne?“, fragte er. „Ich dachte es mir!“, sagte sie, und ihre Augen lächelten. Sie gab ihm die Hand:

„Frohe Weihnachten, Christian! Und versuche dankbar zu sein – trotz allem!“

Er hatte sich fest vorgenommen, nicht zu weinen...

„Ja“, entgegnete er und brachte auch ein Lächeln zustande. „Das wünsche ich ihnen auch!“ Sie winkte ihm zu, wie er die Haustür aufmachte. Als er im Flur verschwunden war, fiel ihm etwas ein. Er wusste ja gar nicht, wo sie wohnte. Er konnte doch morgen mal zu ihr gehen und ihr ein kleines Geschenk bringen. Rasch öffnete er die Tür wieder und war mit ein paar Sprüngen auf der Straße. Niemand war zu sehen.

„Hallo!“, rief er. Sie konnte doch in der kurzen Zeit nicht verschwunden sein. Er rieb sich die Augen. Hatte er denn geträumt? Aber die Straße blieb leer. Verwirrt stieg er die Treppe hoch. Er überlegte, ob er aufschließen und einfach hineingehen sollte, sagen: „Da bin ich. Fröhliche Weihnachten!“ – so als wäre er nur schnell beim Zigarettenautomaten gewesen. Er entschied sich für Klingeln und Abwarten. Mal sehen, in welcher Laune sein Vater war. Es dauerte eine Weile, bis er drinnen Schritte hörte. Die Tür wurde geöffnet. Christian sah einer fremden Frau ins Gesicht. War es Zufall? – Das waren doch diese Augen. Er hatte sie sofort erkannt. Sie lächelten ihm zu.

„Da bist du ja, Christian“, sagte eine ruhige Stimme. „Wir haben schon auf dich gewartet. Komm!“

„Sie? – Sind Sie die Helga?“, fragte er.

„Aber ja, wer soll ich denn sonst sein?“ Die Augen lachten so ansteckend, dass Christian mitlachen musste. „Dein Vater telefoniert gerade mit deiner

Oma. Er dachte, du wärst dorthin gefahren“, sagte Helga. „Ist er sauer?“, fragte er.
„Niemand ist zu Weihnachten sauer. Dafür werde ich schon sorgen!“, erwiderte sie bestimmt und zog ihn ins Wohnzimmer. Er sah sie an, und ihre Augen blitzten. „Danke, Helga! Vielen Dank auch – und natürlich:
Frohe Weihnachten!“

In der 12. Geschichte hat eine ganz gewöhnliche Familie eine ganz ungewöhnliche Idee.

Es war einmal eine Familie, die hatte den ganzen Weihnachtsrummel einfach satt. So satt, dass sie beschloss , es in diesem Jahr anders zu machen als sonst.
„Wir backen diesmal keine Plätzchen!“, bestimmte der Vater. „Und wir basteln auch keine Weihnachtsgeschenke!“, sagten die Kinder. „Dann brauche ich ja auch diesmal keine Weihnachtskarten an Tante Lisbeth und Tante Friederike und Frau Siederbaum zu schreiben“, freute sich die Mutter. „Dann muss ich ja auch keine sieben Weihnachtspakete packen!“, meinte der Vater. „Dann ist wohl auch nichts mit Weihnachtsliederüben auf der Flöte?“, erkundigte sich Petra. „Das ist doch soßenklar!“, stellte Peter fest. „Wir lassen Weihnachten einfach ausfallen!“
„Ja, natürlich, wir lassen es ausfallen!“, sagten alle im Chor. „Abgemacht?“, fragte der Vater vorsichtig. „Abgemacht!“, stimmten alle entschlossen ein. Und dann setzten sie sich beruhigt und erleichtert vor den Fernseher.
Am nächsten Sonntag war der erste Advent. Im Treppenhaus duftete es nach Tannenzweigen,

Kerzen und Weihnachtsgebäck; im zweiten Programm sangen die „Regensburger Domspatzen“ Weihnachtslieder. Empört schaltete Petra um.
„Son Blödsinn!“, schimpfte auch Peter, und dann sahen sie alle die Sportschau.
Als Frau Pfannebecker aus dem ersten Stock eine Schüssel frisch gebackener Makronen zum Probieren brachte, konnte die Mutter aus Höflichkeit nicht nein sagen, und die Kinder langten tüchtig zu.
„Bei ihnen ists ja noch gar nicht adventlich!“, wunderte sich Frau Pfannebecker , aber sie brachten es nicht fertig, ihr die Wahrheit zu sagen. Als in der Schule die Weihnachtsfeier stattfand, fehlten die Kinder wegen einer „dringenden Familienangelegenheit“. - „Das geht die Schule schließlich nichts an!“, meinte der Vater.

Am dritten Advent machten die Kinder Gesichter wie Sauregurkentöpfe. „Stimmt bei euch irgendwas nicht?“, fragte der Vater. „Es ist bloß ... weil ... ach, ich hatte mir ja soooo einen CD-Player gewünscht!“, seufzte Petra. „Und ich einen Nintendo!“, sagte Peter. „Na, ihr seid mir ja schöne Weihnachtsmänner!“, schimpfte der Vater. „Aber eigentlich habt ihr Recht: Es ist gar nicht so leicht, Weihnachten ausfallen zu lassen, wenn es rundherum weihnachtet wie verrückt.“ Eine Weile sagte keiner etwas. Endlich machte der Vater einen Vorschlag:

Da stand der Vater auf und zog sie alle mit sich vor die Tür. „Hört mal, wie still es ist!", flüsterte er.

„Was meint ihr, wenn wir Weihnachten verreisen? Mein Weihnachtsgeld würde gerade für ein paar Tage in einer Schihütte ausreichen." Die Kinder brüllten so laut: „Spitze!", dass die Eltern sich die Ohren zuhalten mussten. Gleich am Montag rief der Vater beim Reisebüro an, und es war wie ein Wunder – er konnte für eine Woche eine winzige Schihütte mieten.

Nun brauchen wir der Familie nicht beim Kofferpacken zuzuschauen. Auch die Fahrt in die Berge müssen wir nicht mitmachen. Lassen wir es gleich Heiligabend werden. Die Familie war den ganzen Tag bei strahlendem Sonnenschein auf den Schiern unterwegs gewesen. Mit roten Backen und müde von der kalten Luft saßen alle vier um den Ofen und hörten die Bratäpfel zischen. Die Mutter hatte eine Kerze angezündet, und die Kinder ließen ein Stück Tannenzweig anbrennen. „Hm, wie das riecht!", schnupperte Peter andächtig. Der Vater sah die Mutter an, und ihre Augen glänzten verdächtig. „Weihnachten", sagte sie leise, „das kann man doch nicht ausfallen lassen; das ist sogar hier – am Ende der Welt." Und sie fing kaum hörbar an zu singen: „Stille Nacht, heilige Nacht..." Da stand der Vater auf und zog sie alle mit sich vor die Tür. „Hört mal, wie still es ist!", flüsterte er. „Ja, ganz heilig", sagte Petra. „Ist ja auch Heiligabend!", stellte Peter fest. Und dann sangen sie alle zusammen und wunderten sich, wie hell und klar die Sterne hier oben waren. Über ihnen aber leuchtete ein Stern viel heller als alle anderen.